내가 알아야 할 모든 것은
창세기에서 **배웠다**

IVP(InterVarsity Press)는
캠퍼스와 세상 속의 하나님 나라 운동을 지향하는
IVF(InterVarsity Christian Fellowship)의 출판부로서
생각하는 그리스도인을 위한 문서 운동을 실천합니다.

Originally published by InterVarsity Press
as *In the Beginning, God* by Marva Dawn.
Copyright © 2009 by Marva Dawn
Translated and printed by permission of InterVarsity Press,
P.O. Box 1400, Downers Grove, IL 60515, U. S. A.

Korean Edition © 2013 by Korea InterVarsity Press
352-18 Seokyo-Dong, Mapo-Gu, Seoul, Korea 121-838

내가 알아야 할 모든 것은
창세기에서 배웠다
IN THE BEGINNING, GOD

마르바 던 | 김순현 옮김

◆차례◆

1부 성경의 주제는 하나님이다

1 성경의 주제는 하나님이다 011

2 창세기의 목적은 예배다 023

3 창세기는 예전을 위한 것이다 033

4 행동과 공동체와 이야기가 성품을 형성한다 045

2부 더없이 좋은 창조

5 태초 여섯 날의 경이를 찬미하라 065

6 하나님의 형상대로 창조된 인간 077

7 피조물과 '함께' 다스리라 087

8 정의를 위해 행동하라 098

9 하나님의 방식으로 생명체를 관리하라 111

10 안식일을 기려야 다른 날을 온전히 살 수 있다 121

3부 관계를 위한 창조
11 관계에 집중하는 두 번째 창조 기사 135
12 여자는 남자의 동등한 짝 148
13 인간의 성적 결합을 위한 하나님의 계획 159

4부 진정한 예배, 신실한 삶
14 다른 예배를 선택할 가능성 173
15 뿌리칠 수 없을 만큼 강력한 죄의 유혹 181
16 타락이 관계와 문화에 미친 영향 192
17 우리의 배반에도 하나님은 계획이 있으시다 207
18 진정한 예배, 신실한 삶 220

맺음말 죄의 고백과 신앙 고백 239

하나님의 창조물이 지닌
참됨과 아름다움과 선함을
우리 집에 가져다주고 있는
마이런에게
이 책을 바칩니다.

일러두기

이 책에서 약어로 표시된 영문성경은 아래와 같다.
   NASB(New American Standard Bible)
   NEB(New English Bible)
   NIV(New International Version)
   NRSV(New Revised Standard Version)

- 성경 인용의 경우, 저자가 여러 영문 성경을 사용하고 있으므로, 글의 취지와 맛을 살리기 위해 역자가 임의로 번역하고, (~, 사역)이라 표시했다.
- 사역할 필요가 없는 부분은 한글개역개정판이나 표준새번역성경전서에 있는 내용을 그대로 옮기고, 따로 표시하지 않았다.
- 이 책에서는 Scriptures, Scripture, Bible을 '성경'으로 통일하였다.

1부

성경의 주제는 하나님이다

1 성경의 주제는 하나님이다

성경이 주제로 삼는 것은 하나님입니다. 성품 형성과 관련된 책을 시작하면서 너무 빤한 논점을 제시한다고 생각할 분도 계실지 모르겠습니다. 그러나 이 문제를 한번 진지하게 숙고해 보시면 우리가 성경을 읽으면서 종종 이런 상상을 하고 있음을 깨닫게 될 것입니다. 성경이 주제로 삼는 것은 바로 우리 자신이라고요.

이 문제를 곰곰이 고찰할 수 있는 방법 하나는, 우리가 평소 성경을 향해 던지는 근원적인 물음을 깊이 관찰하는 것입니다. 우리는 성경을 읽으면서 자신에게 종종 이런 물음을 던지곤 합니다.

"이 말씀은 나에게 어떻게 적용될까?"

"내가 이 본문을 살아내려면 어떻게 해야 할까?"

혹은 그다지 고상하지는 않지만 자기도 모르게 이렇게 묻고 있을지도 모릅니다.

"어떻게 해야 이 본문이 나를 기분 좋게 해줄까?"

"이 구절을 어떻게 사용해야 내 견해를 뒷받침할 수 있을까?"

이렇게 생각하게 되는 이유는 우리가 다른 책이나 간행물들을 이런 식으로 읽기 때문입니다. 사실 이 질문들은 모두, 중심이 하나님에게서 우리로 이동한 것입니다.

그렇다면, 우리가 처음부터 다른 질문들을 던진다면 어떤 일이 일어날까요?

"이 본문에서 하나님이 하시려는 게 뭘까?"

"이 구절에서 하나님이 삼위 가운데 한 위격에 대해 혹은 세 위격 모두에 대해 무엇을 알리시려는 걸까?"

사소한 문제 같지만, 이것은 실로 엄청난 관점의 전환입니다. 초점이 자기개선에서 경배로 옮겨간 것이니까요.

자기중심적인 문화

16장에서 살펴보겠지만, 죄의 본질은 자기중심주의입

니다. 그러나 마르틴 루터가 묘사한 대로 '안으로 휘는' 성향이나 '자기 자신에게로 굽는' 성향은 특히 우리의 현대문화가 심화시킨 것입니다. 광고는, 우리 자신을 좀더 행복하게 하기 위해, 우리 자신을 좀더 아름답게 하기 위해, 가상세계와 좀더 많이 접촉하게 하기 위해, 우리의 인생(과 타인의 인생)을 좀더 잘 관리하게 하기 위해, 저마다 '가지지 않고는 못 배길 만한' 것을 손에 넣으라고 닦달합니다. 엄청난 주의를 기울여 피하지 않는 한 우리는 하루 종일 광고에게 연타를 당할 수밖에 없습니다.

게다가 그런 목표들 하나하나는 자기중심주의에 불을 붙이기까지 합니다. 예컨대, 우리는 우리 자신을 행복하게 하는 일에 골몰하면서 끊임없이 성공을 추구합니다. 그런 일에 골몰하면 진정한 기쁨을 가져다주는 하나님과의 사귐이나 타인과의 사귐은 사라져 버리고 맙니다. 그리스도인들이 행복해지려고 광고 상품을 구입하는 것은 아니라 하더라도, 우리 문화의 지배적인 풍조에 빠져 편리하게 살려고 애쓰거나(이것은 예배에서도 마찬가지입니다!), 건강한 사람이 되려고 애쓰거나(만성질환자나 장애인들, 혹은 굉장한 운동선수가 되려고 하는 사람들을 끊임없이 따라다니는 유혹), 안전하게 살려고 애쓰거나(요즘같이 위험한 시대에는 특히 그렇습니다), 성공한 사람이 되려고 애쓸는지도(아무리 해도 평점이 만족스럽지 못할 것이므로 결코 도달할

^{수 없는 목표)} 모릅니다.

앞에서 언급한 또 다른 목표들 역시 만족을 주지 못하는 건 마찬가지여서 우리를 끝없는 성공을 향해 내달리도록 내몹니다. 외적 아름다움을 지나치게 강조한 결과 내적 인격을 계발하지 못하여 결코 만족을 모르게 되는 경우도 있습니다. 그 결과 우리는 최신 유행에 민감한 사람으로 남기 위해 새 화장품이나 새 옷이 끊임없이 필요하게 될 것입니다. 또 점증하는 가상세계의 기계장치들은 우리를 피상적인 관계로 이끌어, 계속해서 친밀한 사귐을 찾아다니게 할 것입니다. 우리의 인생을 통제하는 것 역시 불가능합니다. 수많은 요인^(경제적 요인, 물질적 요인, 사회적 요인 등)이 우리의 통제권 밖에서 우리에게 영향을 미치기 때문입니다. 그 결과, 우리는 우리 인생에 대한 지배력을 되찾기 위해 노력을 배가할 수밖에 없을 것입니다. 우리의 문화가 꼬드기고 심화시킨 자기중심주의의 갖가지 유혹을 장황하게 고찰해 볼 수도 있겠지만, 우리의 일상생활이 얼마나 쉽게 자기중심성에 내몰리는지, 우리가 성경을 읽으면서 얼마나 쉽게 우리 자신에게 초점을 맞추는지를 깨닫는 데에는 이 몇 가지 논평만으로도 충분할 것입니다.

처음부터 하나님 모시기

독자 여러분은 그리스도인들이 성경공부에서조차 너무나 쉽게 자기중심적인 성향을 보인다는 지적에 대해 저와 견해를 같이하면서도, 이 장의 서두에서 "'어떻게 성경 읽기를 우리에게 적용할까?' 하고 묻는 것은 성경을 잘못 읽는 것이다"라고 한 제 견해를 두고 이런 의구심을 품을지도 모르겠습니다. 진지하게 성경을 연구하는 사람들이라면 그런 식으로 본문에 접근해야 한다고 배웠잖아? 성경을 분석할 때 "이 구절은 무엇을 말하는가? 이 구절은 무엇을 의미하는가? 이 구절은 어떻게 적용되는가?"라는 세 가지 기본 물음을 던지라고 배웠잖아? 그런데 그런 식의 본문 접근이 어째서 잘못되었다는 거지?

대안적인 방법, 성경 본문에 푹 잠기는 방법은 3장에서 숙고하기로 하고, 여기에서는 위의 세 가지 물음을 통한 접근법에 어떤 문제가 있는지를 간단히 설명해 보기로 하겠습니다. 이 접근법의 문제는 그것이 제대로 된 지점에서 출발하지 않는다는 것입니다. 이런 접근법을 가지면, "이 본문은 하나님에 대해 뭐라고 말하지? 이 본문의 의도를 어떻게 이해해야 우리가 하나님을 예배할 수 있지?"라고 묻기보다는, "이 본문은 우리를 위해 뭐라고 말하는 거지? 이 본문은 우리에게 어떤 의미를 가지고 있지?"라는 물음을 너무나 천연덕스럽게 던지게 된다는 것입니다.

출애굽기를 근사하게 형상화한 애니메이션 "이집트 왕자" The Prince of Egypt를 보면, 그런 잘못된 접근법의 예를 찾아볼 수 있습니다. 이 영화음악 중 한 곡에는 "그대가 믿으면, 기적이 일어날 수 있어요"라는 가사가 있습니다. 성경 이야기를 이런 식으로 읽는다면, 더 열심히 믿어 기적을 경험하려고 끊임없이 새로운 노력을 기울이게 되겠지요.

하지만 성경은 전혀 다른 그림을 그립니다. 출애굽기는 이스라엘이 주님의 구원이라는 선물을 받기까지 불평하고 의심하고 울부짖은 사실을 의도적으로 지적합니다.[1] 출애굽기는 이스라엘 자손들이 이집트인들을 극적으로 멸망시키신 하나님의 위업을 보고 나서야 "주를 두려워하며 주와 그의 종 모세를 믿었다"(출 14:31, 사역)고 전합니다.

출애굽기의 구조는 하나님께 초점을 맞추라고 촉구합니다. 이스라엘 자손들의 딱한 처지를 간추려 묘사하고 나서(출 1-2장) 이어지는 출애굽 이야기 전체에는 하나님이 활동하고 계심을 보여 주는 동사들로 가득 차 있습니다. 이스라엘 백성이 이집트에서 겪은 끔찍한 상황이 바뀌기 시작한 것은 바로 이 때문입니다. "하나님이 그들의 신음소리를 들으시고, 하나님이 아브라함, 이삭, 야곱과 맺으신 언약을 **기억하시고**, 하나님이 이스라엘 자손을 **굽어보시고**, 하나님이 그들을 **눈여겨보셨다**"(출 2:24-25, 진한 글씨는 필자의 강조, 사역).

어떻게 해야 우리 삶에도 이런 이야기가 일어날 수 있는지를 묻기 전에, 하나님이 무슨 일을 하시는지, 그리고 성경 본문이 하나님의 성품에 대해 무엇을 드러내는지를 깊이 살펴보도록 합시다.

나병환자들과 과부

다음에 소개하는 사례의 출처를 찾아내어 독자 여러분이 그 상세한 내용을 읽을 수 있다면 좋겠지만, 그렇게 하지 못하는 것이 유감입니다. 저는 몇 해 전에 부유한 교회와 그렇지 못한 교회, 두 곳에서 성경공부를 실시하고 비교하여 그 결과를 요약한 한 연구 과제물을 본 적이 있습니다. 그 연구 결과는 우리가 성경을 읽기 시작할 때부터 하나님을 모시는 것이 얼마나 중요한지를 여실히 보여 줍니다.

부유한 교회 교인들과 가난한 교회 교인들이 예수의 나병환자 치유 사역을 공부할 때 연구원들이 발견한 바에 따르면,

부유한 집단에 속한 참가자들은 어떻게 하면 자기들의 동네와 지역사회에서 '나병환자들'을 치료하는 일에 기여할 수 있을 것인지를 두고 이야기한 반면, 놀랍게도 가난한 교구의 그리스도인들은 자기 자신을 그리스도의 치유 사역이 필요한 나병환자들로 인식했다고 합니다.

부유한 그리스도인들은 애당초 그 본문이 자신들에게 어떻게 적용되고, 어떻게 자신들의 행동을 촉구하는지에 초점을 맞추었을 뿐, 하나님이 우리 모두를 치료하기 위해 하시는 일에는 초점을 맞추지 않았습니다. 하나님의 치료 사역이 얼마나 위대한지를 뼛속 깊이 알고, 삼위일체의 활동이 우리의 삶에 얼마나 필요한지를 알아야 타인들을 좀더 긍휼히 보살피면서 하나님의 치료 사역을 전할 수 있을 텐데 말입니다.

성경공부를 시작하는 순간부터 하나님을 모시는 것이 얼마나 필요한 일인지 또 하나의 예가 명확히 해줄 수 있습니다. 예수님이 말씀하신 '고집 센' 과부 비유 혹은 '귀찮게 졸라대는' 과부 비유(눅 18:1-8)를 두고 사람들이 이야기하는 것을 들을 때면, 그 결말은 거의 언제나 일종의 도덕적 교훈으로 흘렀습니다. 우리가 그 여인에게 초점을 맞추어, "그녀는 재판관에게 끊임없이 졸라대다가 마침내 그를 굴복시켜 자기의 탄원에 응하게 한 사람이다"라고 생각할 경우, 우리가 그 비유에서 얻게 될 교훈은 이러할 것입니다. 말하자면, 하나님을 끊임없이 성가시게 하여, 마침내 그분² 스스로 마음을 고쳐먹게 해야 한다는 것입니다. 하지만 그것은 누가가 그 비유에 붙인 머리말과 그 이야기의 독특한 구성 방식을 오독한 것입니다.

예수님이 제자들에게 "늘 기도하고 낙심하지 말아야 한다는 뜻으로"(18:1) 이 비유를 말씀하고 계시다면 이어지는 이야기에서 하나님을 재판관 같은 모습으로 그리지는 않으셨을 것입니다. 우리가 어찌 그런 하나님께 기도하고 싶겠습니까?

오히려 본문은 이 재판관이 "하나님을 두려워하지 않고 사람도 존중하지 않는"(2절. 4절과 6절도 보십시오) 불의한 재판관이었다고 세 번씩이나 되풀이해서 말합니다. 그의 불의 때문에 그 가난한 과부는 어쩔 수 없이 그를 들볶게 된 것입니다. 이 재판관을 등장시킨 것은, 그를 자비로우시고 은혜로우신 우리 하나님, 우리가 부탁드리기도 전에 우리에게 마음을 써 주시는 하나님과 극명하게 대비시키려는 것입니다.

이 비유를 공부할 때 처음부터 이 비유가 하나님에 대해 무어라 말하는지를 살펴보면 명확한 반전이 있음을 알아차리게 될 것입니다. 주께서는 이렇게 말씀하십니다. "불의한 재판관이 무어라 말하는지 귀기울여 들어라. 하나님이⋯친히 택하신 백성의 정당한 권리를 인정하지 않으시겠느냐? 그들의 말 듣기를 오랫동안 미루시겠느냐? 내가 너희에게 말한다. 그분이 속히 그들의 정당한 권리를 인정하시리라"(6절 하-8절 상, 사역). 우리가 기도를 멈추지 않는 것은 이 때문입니다. 하나님을 성가시게 하여 우리 멋대로 휘두를 수 있기 때문이 아니라, 하나님이 우리의 기도를 귀기울여 들으시고 정당한 권리를 인정하시기 때문입니다.

이 비유의 요점은 하나님이 은혜로우셔서 우리의 탄원을 기꺼이 들으신다는 것입니다. 우리는 하나님의 마음을 돌리려고 애쓸 필요가 없습니다. 그분은 저 재판관 같은 이가 절대로 아니시기 때문입니다. 그분은 우리가 외치는 즉시 듣는 분이십니다. 예수님은 우리에게 끊임없이 기도하라고 권하십니다. 이는 우리가 하나님을 설득하여 우리의 의도를 관철하라는 뜻으로 하신 말씀이 아니라, 하나님이 우리 안에서 그분의 의도를 이루실 수 있게 하라는 뜻으로 하신 말씀입니다. 그 비유의 끝부분에서 우리에게 중요한 것은, 그 이야기가 하나님과 대립되는 쪽을 가리키면서 강조하는 하나님의 인격을 우리가 신뢰하느냐 신뢰하지 않느냐입니다. 예수님은 이런 물음을 던지십니다. "인자가 올 때에, 세상에서 믿음을 찾아볼 수 있겠느냐?"(8절) 우리가 기도하면서 우리의 늘 부적합한 시도에 초점을 모으기보다 하나님의 한결같은 성실하심에 초점을 모을 때, 비로소 감사가 넘치는 믿음이 있게 될 것입니다.

처음부터 여기에서 하나님을

이 책에서 창세기 1-3장이 하나님에 대해 무어라 말하는지에 특별히 주의를 기울이다 보면, 우리는 경배로 반응하게 될 것입니다. 이 책을 잠시 옆으로 밀쳐 두고, 하나님을 주어로 하는 모든 동사에 주의를 기울여 보는 것은 어떨까요? 첫 번째 창조 이야기에서 하나님이 "창조하시고, 말씀하시고, 보시고, 나누시고, ~라 부르시고, 지으시고, 두시고, 복을 베푸시고, 마치시고, 쉬시고, 거룩하게 하신" 모든 방식에 주의를 기울이는 것만으로도 엄청난 선물이 될 것입니다! 장엄하신 창조주, 온갖 일을 행하신 창조주를 우리가 어찌 찬미하지 않을 수 있을까요?

주

1 Fleming Rutledge의 설교 "A Way Out of No Way", *Help My Unbelief* (Grand Rapids: Eerdmans, 2000), pp. 203-209가 이 점을 잘 설명하고 있다.
2 현대 사회의 수많은 이들이 하나님을 지칭하는 남성 대명사들에 이의를 제기한다. 그 대명사들이 기독교를 가부장적 종교로 만들어 여성들을 억압하는 경우가 간혹 있었다는 것이다. 나는 우리가 그 대명사들을 대문자로 표시하지 않았기 때문에, 그리고 하나님이 초월적이시면서 인격적이실 수 있을 만큼 신비로운 분이시라는 사실을 인식하지 못하기 때문에 그러한 이의 제기가 빚어지는 것이라고 생각한다. 우리는 신성 가운데 예수님만이 남성으로 성육하시고, 성부와 성령은 성별(性別)을 초월하는 영이시라는 사실을 잊어서는 안 된다. 그분(He), 그분에게(Him), 그분의(His), 그분 자신(Himself)이라는 표현에는 입에 담기에 황송할 만큼 신비로우면서도 분명하게 계시된 경이에 대한 깨달음, 곧 신(神)-인(人) 예수 안에서 가장 뚜렷하게 드러난 삼위일체의 내재성에 대한 깨달음이 담겨 있다. 이 주제에 관한 좀더 자세한 논의를 살펴보려면, 나의 책 *Talking the Walk: Letting Christian Language Live Again* (Grand Rapids: Brazos Press, 2005) 의 1부에 들어 있는 "He, His, Him, Himself"를 보라.

2 창세기의 목적은 예배다

몇 해 전, 워싱턴 주의 한 지역사회대학에서 가르치는 한 친구가 저에게 유쾌한 보고서를 보내 왔습니다. 그 보고서는 그 학교에서 이루어진 한 초청 강연이 어떻게 생생한 의사소통을 촉발시켰는지를 보여 주었습니다. 친구의 설명에 의하면, 최신 사조로 무장한 한 강연자가 뉴턴 물리학의 종언을 고하는 중이었다고 합니다. 그는 아이작 뉴턴 경Sir Isaac Newton, 1642-1727이 공식화한 만유인력 법칙과 운동 법칙에 근거한 기존 과학은 너무나 강압적이고, 꽉 막힌 백인 남성들의 작품에 불과하다고 주장했습니다. 물론, 양자역학 및 20세기와 21세기에 이루어진 발전이 물리학에 대한 우리의 관점을 많은 부분 철저히 바꾸어 주어, 개별 쿼크quark의 특성이나 중성미자neutrino의 특성보다는 관계의 중요성에 관심을 기울이게 했다는 것은 분명한 사실입니다.

그러나 그 강연자는 청중이 어떤 물음을 제기하든 아랑곳하지 않고 뉴턴의 **모든 것**을 대체해야 한다고 계속 주장했습니다. 마침내, (스티븐 호킹을 정확히 이해하고 있는) 한 영리한 여성이 우스꽝스러운 접근을 하기로 마음먹었습니다. 그녀는 이렇게 말했습니다. "그래요, 당신 말이 옳습니다. 우리는 이제까지 뉴턴에게서 배운 모든 것의 종언을 축하해야 합니다. 수업을 모두 취소하고 파티를 여는 게 좋겠습니다." 이에 그 강연자가 열렬히 동의하자, 그녀는 이렇게 이어서 말했습니다. "그렇다면 이벤트를 마무리하는 뜻으로 당신이 31층 건물에서 펄쩍 뛰어올라 뉴턴의 법칙이 더 이상 통하지 않음을 증명해 주시는 게 좋겠습니다."

우리가 새로운 물리학에서 제아무리 혁명적인 통찰을 얻는다고 해도, 중력의 법칙은 여전히 다양한 차원에서 널리 통하고 있습니다. 중력의 법칙이 얼마나 들어맞는지 두루 말할 수 있을 만큼 제가 과학을 잘 안다고 할 수는 없지만, 우리 모두가 평소에 관찰하는 바와 같이 사과는 나무에서 떨어지고, 비행기는 착륙하며, 인력은 행성의 궤도를 알맞게 안정시킵니다. 그리고…대단히 슬픈 일이지만 세계무역센터는 무너져 내립니다.

이 장에서 저는 이 우주 **법칙**을 활용하여 이 책의 목적과 관련된 제 견해의 근거들을 설명하고자 합니다. 하나님의 창조가 이루어지던 태초부터 지금까지 이 우주에는 인간의 문화와 관련된 법칙이 하나 자리하고 있습니다. 그것은 다름 아닌 예배의 법칙입니다. 이 관점은 해럴드 베스트Harold Best가 1997년에 행한 강의에서 싹튼 것입니다. 그 당시, 그는 휘튼 대학의 음대 학장이었습니다. 그의 말이, 창세기 1-3장에 대한 제 견해가 나올 수 있도록 비전을 확고하게 해주었기에 길게 인용해 보겠습니다.

> 이런 식으로든 저런 식으로든, 의식적으로든 무의식적으로든, 공식적으로든 비공식적으로든, 수동적으로든 열정적으로든, 이 순간 예배하고 있지 **않은** 이는 이 세상에 하나도 없다. 이것은 지금도 완전하게 작동하고 있는 예배의 법칙이다. 이는 하나님이 최초에 우리와 세상을 어떻게 창조하셨으며, 음울하고 괴이한 타락이 어떻게 그분의 아름다운 작품에 끼어들게 되었는지를 조사하지 않고는 우리가 이해할 수 없는 법칙이다. 창조주가 영원부터 몸소 창안해 내신 [뉴턴 식[1]] 예배 법칙, 예배의 공통 기반 법칙이 있다. 이 법칙은 그 당시 사탄이 뒤집어 거짓말이 되었으나, 진리이신 분의 굴하지 않는 힘과 그리스도의 완전한

행위 덕분에 다시 한 번 제자리로 돌아오게 되었다. 이 법칙은 두 가지 방향으로 진행할 수 있다. 영원한 죽음에 이르는 죽음의 예배로 나가거나 영원한 생명에 이르는 생명의 예배로 나가는 것이다. 문제는 언제 '~를' 예배하게 되느냐가 아니라, 누구에게 어떤 마음 상태로 예배하고 있느냐다.[2]

기독교적인 삶의 목표는 날마다 더 많은 시간을 들여 우리의 생각과 행위와 말이 하나님의 영광을 위한 것이 되게 하고, 매순간 우리가 만든 우상이나 우리 문화의 우상을 숭배하는 것이 아니라 참 하나님을 예배하는 것입니다. 여기서 문화의 목적은 인간 창조성의 산물과 결과물들로 규정되겠지만, 관건은 우리의 문화 창작물이 하나님을 순수하게 예배하는 일을 위해 만들어지고 구성되고 사용되고 있느냐입니다.

창세기 1-3장에서 자세히 살펴보겠지만, 예배가 쟁점임을 늘 명심하도록 합시다. 성경에 등장하는 창조 이야기와 타락 이야기는 과학 교과서가 될 마음이 없는데도, 이 글귀를 읽는 사람들 상당수는 이 쟁점을 중심으로 삼지 못하고 그릇된 물음을 던집니다. 그 이야기들은 생물학과 천문학의 **사실**What과 **방법**How을 묻거나 선사시대의 **시기**When를 물으라고 기록된 것이 아닙니다.

창세기 1-3장은 **이유**Why를 물으라고 기록된 것이 아니라 하나님의 영광을 위해 기록된 것입니다. 창세기 3장에 등장하는 타락 이야기가 치명적인 것은 그 때문입니다. 하나님께 드려야 할 인간의 예배가 더럽혀지고, 온 우주의 예배가 일그러졌기 때문입니다.

창세기 1장의 구조가 강조하는 것은 경배입니다. 예배의 관점에서 살펴본, 우리에게 감명을 주는 그 구조의 일차적 특징은 본문의 초점이 온통 하나님에게 맞추어져 있다는 것입니다. '엘로힘'Elohim이라는 이름은 사실 '엘'el 내지 '신'의 복수형입니다. 이는 이스라엘이 자신들의 하나님을 '모든 신들보다 뛰어나신 하나님'으로 여겼음을 암시합니다. '엘로힘'(혹은 '하나님')이라는 표현은 창세기 1:1부터 2:3에 이르기까지 서른다섯 차례나 등장합니다. 우리는 이 수가 7의 배수임을 즉각 알아차릴 수 있습니다. 그것이 현 시점의 우리에게 특별히 요구하는 바는 다음 사실을 분명하게 인식하라는 것입니다. 말하자면 이 본문의 시인은 모든 피조물을 빛나게 해주신 하나님께 거듭 찬미를 바치고 있다는 것입니다.

어느 날 밤, 한 찬양 축제에서 대단히 매혹적이고 경이로운 찬양이 제 귀에 강렬하게 들려왔습니다. 한 노련한 시인이 창세기 1:1에서 2:3까지의 본문을 소리 내어 읽고 있었는데,

여러 음색을 지닌 그녀의 목소리와 심금을 울리는 억양이 우리 안에 새롭게 경청하려는 자세와 속 시원히 털어 놓으려는 마음을 불러일으켰습니다. 그러는 동안 대단히 민첩한 오르간 연주자가 그 본문을 따라가면서 연주했는데, 사이사이 플루트의 구멍을 경쾌하게 누르는 소리로는 별들을 표현하고, 떨기도 하고 급히 아래로 치닫기도 하는 현악기 소리로는 씨앗과 식물을 묘사하고, 오보에와 클라리넷의 줄 맞춰 돌진하는 듯한 소리로는 곤충과 새를 표현하고, 소란스러운 금관악기 소리로는 짐승들을 표현하고, 아연케 할 만큼 대조적인 침묵으로는 안식일을 표현한 다음, 왕 같은 당당함으로 마무리를 지었습니다. 몸을 분주하게 놀리는 그의 재능이 우리를 유쾌하게 하더니 놀랍게도 우리를 상쾌한 새 땅으로 데려다 주었습니다. 그날 밤 그 자리에 참석한 우리들 대다수에게, 어쩌면 그 행사는 이제껏 이 본문을 가지고 드린 예배 가운데 가장 심오한 예배였는지도 모르겠습니다.

성경이 하나님께 초점을 맞춤으로써 시작하는 것은 의도적인 것입니다. 말하자면 (앞 장에서 배운 바와 같이) 언제나 하나님께 초점을 맞추고 성경을 읽어야 함을 가르치려는 것이며, 우리를 그러한 예배에 끌어들이는 것이야말로 창세기 1장의 목적임을 가르치려는 것입니다. 제가 이처럼 이중으로 강조하는 것은,

우리가 성경을 잘못된 방향으로 읽는 버릇을 들이다 보면, 성경 본문을 대하는 우리의 태도 역시 잘못될 수밖에 없기 때문입니다. 그렇게 되면, 우리의 전제들은 성경 본문을 마주하여 예배로 반응하기보다는 "이것은 우리가 알고 있는 과학적 사실과 맞지 않아"라든가 "나는 이것을 이해하지 못하겠어!"라는 말처럼 쓸데없는 비평만 야기할 것입니다.

우리가 늘 하나님을 이해할 수 있다면 그분은 하나님이 되지 못하실 것입니다. 하나님의 방법은 우리의 방법과 다릅니다. 그런 까닭에 하나님은 우리에게 이해받으실 필요가 없습니다. 우리로 하여금 모든 문제의 즉각적 이해를 기대하게 하는 것은 과학이 모든 것을 설명해 줄 수 있다고 믿는 현대성의 확신이자 버릇일 뿐입니다. 우리 사회의 과학기술이 점차 발달함에 따라 모든 혼란과 문제를 개선할 수 있다고 믿게 된 것입니다. 우리는 우리 자신과 인간의 성취를 출발점으로 삼는 까닭에 하나님까지 우리가 만든 하나님 이미지에 끼워맞추려고 합니다. 어떤 성경 구절이 우리에게 새로운 차원의 하나님을 보여 주면, 우리는 우리가 틀렸다고 생각하기보다는 그 본문이 틀렸다고 생각하는 것입니다.

우리가 성경을 읽으면서 본문이 우리에게 삼위일체와 하나님의 활동에 대해 무어라 가르치는지를 물을 때, 우리는 비로소 마땅한 겸손에서 출발하여 하나님이 받으셔야 할 찬미로 끝맺게 될 것입니다. 우리는 성경 본문에서 우리가 이해한 것을 두고 차차 하나님께 갈채를 보내게 될 것입니다. 그분이 하신 일을 깨닫고 깜짝 놀랄 것이기 때문입니다. 그런 다음 우리는 생생히 감사하게 될 것입니다. 설령 우리가 완전히 이해하지 못하는 것이 있더라도, 우리는 하나님이 은혜를 베풀어 주셔서 우리의 통찰력과 믿음을 성장시켜 주실 것이라고 확신하며 기다리게 될 것입니다. 하나님으로부터 시작한다는 것은 우리가 더 열심히 노력할 필요가 없다거나, 하나님을 탐구할 필요가 없다는 말이 아닙니다. 오히려 우리는 하나님으로부터 시작함으로써 자유와 해방을 맛보고, 신뢰 안에 머무르며 경건히 쉴 수 있게 될 것입니다.

그것은 불합리한 자세가 아닙니다. 제가 즐겨 말하듯이, "하나님은 하나님이시고, 우리는 잗다랗다"[3]는 것을 알기에 판단을 거절하는 것일 뿐입니다. 포스트모더니티 postmodernity는 "우리가 '알고 있다'는 것을 어떻게 알 수 있는가"를 묻고, 자신을 신비에 좀더 폭넓게 개방합니다. 이 두 가지는 포스트모더니티가 주는 값진 선물입니다. 이 두 가지 태도는 불가해한 하나님을 예배할 수 있게 해줍니다. 우리의 지능을 우상화하기보다는 삼위일체의 진리 계시를 경외함으로 열망하게 해주는 것입니다.

그렇다면 우리가 믿을 수 있는 것은 무엇일까요? 우리가 확신할 수 있는 것은 무엇일까요? 창세기 1장은 우리에게 이런 말을 하고 싶어 합니다.

"주위를 살펴보고 눈여겨보라."

땅과 하늘의 경이로움을 한번 보십시오. 그러면 여러분은 그것들을 지으신 창조주께 더 많은 감사를 드리고, 하나님을 더욱더 찬미하게 될 것입니다. 성경의 첫 장은 만물을 존재하게 하신 전능하신 분, 곧 하나님께 경의를 표하자고 호소합니다. 또한 성경의 첫 장은 성경의 나머지 부분 역시, 만물 창조의 이유가 된 예배의 법칙에 따라 변치 않는 신뢰와 확신을 보증하시는 하나님에 대해 우리에게 충분히 알려 줄 것이라고 넌지시 말하고 있습니다.

주

1 Bernoulli의 공기 역학의 법칙을 활용하여 예배의 법칙을 설명하는 것이 가장 낫지만, 이 자리에서는 서두에 든 예화와 어울리게 중력의 법칙을 활용하여 예배의 법칙을 설명하는 것도 괜찮을 듯싶다.

2 Harold M. Best, "When Is Worship Worship?", *On the State of Church Music: V*, Lectures by William Hendricks, Harold M. Best and Robert Webber (Jefferson City, Tenn.: Louis and Mary Charlotte Ball Institute of Church Music, Carson-Newman College, 1997), p. 43. Harold Best, *Unceasing Worship: Biblical Perspectives on Worship and the Arts* (Downers Grove: InterVarsity Press, 2003)도 보라.

3 영어로는 "God is GOD, and we are wee"로서, 언어유희를 이용하여 하나님의 위대하심과 우리의 보잘것없음을 극명하게 대조시키는 저자의 말—편집자 주.

3 창세기는 예전을 위한 것이다

신자들은 자신들의 예배 유형을 '예전 규정을 따르는 예배'라고 하거나 '예전 규정을 따르지 않는 예배'라고 하면서 자신들을 다른 교단의 사람들 또는 다른 집단의 사람들과 구별하는 버릇이 있습니다. 그러나 전문적인 예배 시연試演을 구경만 하면서 시간을 보내는 것이 아니라면, 사실상 예전 규정을 따르지 않는 예배 같은 것은 존재하지 않습니다. 예전을 뜻하는 그리스 단어 '레이투르기아'*leitourgia*는 '사람들'을 뜻하는 단어(파생어로 속인, 평신도를 뜻하는 laity가 있습니다)와 [그들의] '일'을 뜻하는 단어로 이루어져 있습니다. 예전은 참석자들을 몰두하게 할 수 있는 여러 방법들을 포함하고 있습니다. 예전은 '찬송, 설교, 찬송'처럼 간단할 수도 있고, 예로부터 이어져 내려온 의식의 모든 요소를 갖춘 예배처럼 정교할 수도 있습니다. 그러나 참석자들은 대개 예배 활동에 다양한 방법이 담기기를 기대합니다.

예전은 사람들이 참여하는 방법을 알 수 있도록 지시하는 역할을 합니다. 때로는 피아노 전주곡과 기타 전주곡의 조를 아름답게 바꾸어, 어떤 찬송이 다음에 나올지를 사람들에게 알리는 것으로 예전의 신호를 삼을 수도 있고, 성경 구절을 인용하여 사람들이 그 구절의 절반을 읊게 하는 것으로 예전의 신호를 삼을 수도 있을 것입니다. 어쩌면 참여자들은 과거에 시편을 응창하는 법이나, 제단을 에워싼 곳에 들어가기 전과 들어간 후에 제단을 향하여 공손히 절하는 법을 배웠는지도 모릅니다. 많은 예배자들은 성경의 가르침에 따라 '주의 말씀' 선포에 "하나님께 감사!"라는 외침으로 답하는 법을 '전수받은' 상태인지도 모릅니다.

아프리카계 미국인 교회들에서 통용되는 예전의 일부는 선동하는 문장 뒤에 신자들이 외치는 추임새를 상당수 포함하고 있습니다. 그것은 "선포하라"preach it!, "할렐루야"hallelujah, "얼씨구!"you go, girl! 같은 표현들입니다. 여러분이 듣고 싶지 않은 외침들 가운데 하나는 "그만 됐어"enough already를 암시하는 "집에나 가져가라"bring it on home일 것입니다. 정치인들이 자신들의 집회 연설에서 구호를 되풀이해서 주창하는 것처럼 설교자가 설교에서 핵심 구절을 되풀이해서 말하는 것도 예전의 일부가 될 수 있습니다.

핵심 구절의 반복

창세기 1장의 반복되는 중요 구절은 예전적 후렴으로서, 본문을 낭독할 때 제창되었을 수도 있습니다. 혹시 발성되지 않았더라도 적어도 마음속에서는 그런 반응을 일으켰을 것입니다. 창세기 1장을 귀기울여 듣다 보면, 창조의 여러 날 동안 되풀이해서 등장하는 부분이 있음을 알게 됩니다. 그날 그날 창조된 것의 세부 묘사는 제쳐두고라도, 화자는 하루하루를 일일이 묘사하면서 다음 네 구절을 되풀이해서 말합니다. "하나님이 말씀하셨다", "그대로 되었다", "하나님이 보시기에 좋았다", "저녁이 되고 아침이 되니, 첫째 날(어느 날)이 지났다."

우리는 그 리듬을 파악하여 마음속으로 그 후렴구들에 맞장구를 치게 됩니다. 지난여름, 어느 성경학교에서 창세기 1장에 나타난 예전적 리듬에 대해 가르칠 때, 제 수업에 참석한 이들이 '장기자랑'을 위해 제 수업과 관련된 희극을 만들었습니다. 그들은 "하나님이 말씀하셨다, 그것이 생겨났다, 그것은 좋

왔다, 저녁이 되고 아침이 되었다" 같은 후렴구 가운데 하나를 가지고 랩송을 지어 불렀습니다.[1]

그림이든 시든 노래든, 예술 작품 속에는 일정한 양식이 있게 마련인데, 무언가가 갑자기 바뀌면 우리는 그것에 깜짝 놀라 그 예술가가 의도한 것이 무엇인지를 알아내려고 애를 씁니다. 알아내지 못하는 경우가 종종 있지만, 우리는 그 변화로 인해 마음이 잠들어 있는 상태 또는 게으른 상태에서 깨어나게 됩니다. 찬찬한 사람이라면 있을 수 있는 가능성들 가운데 몇 가지만이라도 짐작해 보려 할 것입니다.

예컨대, 창조의 둘째 날에는 "하나님이 보시기에 좋았다"라는 표현이 등장하지 않습니다. 이것은 창공이 좋지 않다는 뜻일까요? 하지만 "하나님이 그 둥근 천장을 하늘이라 부르셨다"는 색다른 구절이 있으니, 기다려 보십시오. 그 둥근 천장은 얼마나 중요한 것일까요? 그것은 '낮'과 '밤'처럼 중요한 이름을 얻을 정도로 중요한 것일까요?

하늘은 우리 머리 위에 있는 지붕과 같습니다. 그것은 지구가 안전하게 살 수 있도록 자궁처럼 지구를 감싸고 있습니다. 이 세계의 오존층이 파괴되기 시작하고 나서야, 우리는 그것이 유해 광선을 차단해 준다는 것을 알게 되었습니다. 물론 하늘은 좋은 것입니다.

하늘에 대해 생각하면 생각할수록 우리는 더 많이 감사할 수밖에 없습니다. 성경에 등장하는 광야의 백성과 오늘의 우리에게 하늘이 얼마나 중요한 것인지 우리는 잘 알고 있습니다. 특히 우리가 이 본문을 먼저 듣고, 하나님이 보시기에 좋았다는 반복구가 다른 날에도 **항상** 되풀이되고 있음을 안다면, 우리는 화자에게 "잠깐만요! 당신은 무언가를 빠뜨렸어요" 하면서 그 빠뜨린 내용을 알려 주려고 할 것입니다. 우리는 "하나님이 보시기에 좋았다"는 이 필수 구절을 마음속으로 추가하려고 할 것입니다. 이 예전이 우리를 사로잡아 참여로 나아가게 만든 것입니다.

하나님이 말씀하셨다, 그것이 생겨났다, 그것은 좋았다, 저녁과 아침

독자 여러분이 저 랩의 후렴구(바로 위의 소제목)를 여러 번 되풀이하여 말하면서 네 구절 하나하나에 박자를 부여하다 보면, 그 후렴구는 우리 안에서 증폭하여 이 책의 처음 두 장에서 논의했던 두 가지 기준을 충족시켜 줄 것입니다. 그것이 우리가 하나님과 그분이 하신 일에 초점을 맞추고, 하나님을 예배하도록 도와주기 때문입니다.

우리가 모시는 하나님은 참으로 탁월한 분이십니다! 그분이 말씀만 하시면 무언가가 생겨납니다. 시편 33:9은 이렇게 말합니다. "그분이 말씀하시자 말씀하신 그것이 생겨나고, 그분이 명령하시자 명령하신 그것이 견고하게 섰다"(사역). 게다가 그렇게 생겨나는 것이 좋기까지 합니다. 마지막 후렴구인 저녁과 아침의 배열에는 안정성이 깃들어 있습니다. 시간이 시작될 때부터 저녁과 아침이 완벽하게 서로의 뒤를 이어 왔다는 사실에서 우리는 안정성을 엿볼 수 있습니다. 그토록 좋은 것을 창조하시고 영속적인 순서를 보장하시는 하나님은 실로 강력한 분, 사려 깊은 분이십니다.

이 중요한 변증법적 진리, 곧 "하나님은 선하신 동시에 전능하신 분이시다"라는 진리는, 고난과 질병과 괴로움 속에 있던 사람들로 하여금 하나님에 대해 근본적인 항의를 제기하게 만들었습니다. 그들은 악이 이 세상에 여전히 편재하고 있는데, 과연 하나님이 선하시고 전능하신 분이시겠느냐고 묻습니다. 역경이 닥치면 그들은 곧잘 이렇게 말합니다. "하나님은 그것을 막아 주실 만큼 충분히 전능한 분은 분명 아니야. 아니면 하나님은 강력한 분이시지만, 그것을 막아 주실 만큼 선하신 분은 아닐 거야." 이 같은 억측이 우리 문화 속에 만연해 있습니다. 그렇기에 성경이 하나님과 관련된 진실들을 기리는 것으로 시작하고 있는 것은 의미심장한 일이 아닐 수 없습니다. 하나님이 실로 선하시고 전능하신 분이심을 믿는 데서부터 시작할 경우, 우리는 고통의 이유들을 다른 데서 찾게 될 것입니다.[2]

질서는 계속된다

여러분이 사과나무를 찾아갔는데 그 나무에서 오렌지를 발견한다면, 또는 무당벌레가 파리를 낳는다면, 이 세상은 제정신을 잃고 말 것입니다. 그런데도 우리는 창세기 1장의 예전에 "그런 다음 하나님이 말씀하셨다. '땅은 푸성귀의 싹이 돋아나게 하여라. 씨를 맺는 식물과, 씨 있는 열매를 맺는 온갖 종류의 유실수가 땅 위에 돋아나게 하여라.'"(11절, 사역)와 같은 구절이 들어 있다는 사실에 감사하지 않고 있습니다. 사람이 일부러 딴꽃 가루받이를 해주지 않고, 바람과 벌이 교란시키지 않는 한 우리는 다음과 같은 사실을 기대할 수 있을 것입니다. 즉, 사과나무는 사과를 내고, 무당벌레는 더 많은 무당벌레를 낳아 우리 손에 날아들게 함으로써 우리에게 기쁨의 순간을 안겨 주리라는 것을.

제 요점은 원예에 입문하자는 것이 아닙니다. 하나님이 태초에 명령하신 질서대로 이 세상이 움직이는 것을 보면서 하나님을 더 많이 찬미하자는 것입니다. 하나님은 그 질서를 보시고 "좋구나, 좋다!"라고 말씀하셨죠. 그리고 그 창조의 질서는 우리에게도 계속해서 좋을 것입니다. 우리가 일상생활에서 접하는 사소한 일의 습관적인 방식까지도 믿을 만하기 때문입니다.

바닷물이 제 경계선을 넘고, 하늘이 비를 내리지 않는 등, 무언가 탈이 나야 우리는 질서에 주목합니다. 그러고는 하나님께 불평하고 이유를 따져 묻습니다. 어쩌면 이 장은 만물을 독창적으로 설계하시고 좋게 만드신 하나님에 대한 찬양을 회복하도록 도움을 줄지도 모르겠습니다.

예전에 대한 강조

앞 장에서 제시한 견해로 돌아가 봅시다. 성경은 "무엇을?" "어떻게?"라는 과학의 물음과 역사 이전의 "언제?"를 묻는 물음에 답하려고 기록된 것이 아니라, "왜?"라는 물음으로 우리를 이끌기 위해 기록된 것입니다. "왜?"라는 물음의 답은 "하나님을 위하여"일 것입니다. 사실, 그 물음들은 우리가 산뜻하게 구분할 수 있는 것들이 아닙니다. 그것들은 모두 가장 큰 신비인 **"누가?"**라는 물음에 의존하기 때문입니다.

그 물음들을 단순히 생물학, 천문학, 과학 등을 위한 물음들로 쪼개고, 믿음을 **"왜?"**라는 물음에 맡기는 것은 과학에 과도한 의미를 부여하는 것으로 보입니다. 그것은 한 특정한 종을 생물학적으로 분석하여 통계를 내는 것이, 한 마리의 새가 하나님의 영광을 위해 창조되었다는 사실보다 더 중요하다고 말하는 것이나 다름없습니다. 예컨대, 그 새가 **"어떻게"** 노래하는지를 과학이 다 아는 것은 아닙니다. 과학은 새의 노래를 가능케 하는 역학은 아는 것 같지만, 새의 의사소통을 받아들이는 자와 이끌어내는 자에 대해서는 아직 다 이해한 것이 아닙니다.

저는 여러 종류의 무당벌레와 사과나무에 대해 공부하느라 상당히 많은 시간을 들였을 정도로 여러 분야의 과학에 심취해 있습니다. 그러나 과학에 심취하면 할수록 저는 더더욱 하나님을 예배하게 됩니다. 과일과, 과일을 보호하는 곤충의 복잡하고 불가해한 상관관계가 임의로 이루어졌다는 사실이 믿어지지 않기 때문입니다. **"누가?"**라는 물음은 다른 모든 물음을 포괄하며 과학 세계 전체를 포괄합니다. 그 세계의 발견물들이 우리를 예배로 이끌기 때문입니다.

3장 • 041

하나님의 피조물 가운데 제가 가장 좋아하는 피조물은 벌새입니다. 저는 벌새들을 보는 즐거움을 연중 내내 누리려고 벌새 사진들을 담은 달력까지 구입했습니다. 벌새는 대단히 경이로운 동물입니다. 벌새의 종류에는 길이가 3인치 이하인 종들도 있고, 4인치인 종들도 있습니다. 몸무게는 고작 몇 그램에 불과합니다. 무게 1페니 이하의 것도 있습니다. 가장 작은 종인 꿀벌새는 무게가 고작 1.95그램에 불과합니다. 하지만 그들은 1초에 70회 정도의 날갯짓을 하면서 꽃 위에 떠 있고, 그들의 자그마한 심장은 1분에 200회 이상 뜁니다. 그토록 작은 피조물이 어떻게 한 번도 쉬지 않고 800킬로미터 이상 되는 멕시코 만을 날아서 가로지르는 것일까요? 붉은목벌새는 해마다 그렇게 합니다.

믿어지지 않겠지만, 모든 과학적 사실은 벌새 한 마리 또는 그 이상을 관찰하면서 느끼는 명백한 황홀감에 비하면 아무것도 아닙니다. 지난여름 벌새 한 쌍이 우리 집 앞쪽 잔디밭에 둥지를 틀었습니다. 우리가 곁에서 벌새 부부와 그들의 새끼들을 관찰해도 그들은 너그럽게 봐주었습니다. 우리가 그들을 마지막으로 보던 날, 무지개 빛깔 나는 수컷 한 마리는 우리 집 뒤쪽의 커다란 창 가까이 날아와 우리의 얼굴을 들여다보며 작별을 고하는 것처럼 보이기까지 했답니다.

아름다움의 목적은 무엇인가?

산꼭대기에서 내려다보거나 산꼭대기를 올려다볼 때 눈에 들어오는 극적인 경치, 출렁거리는 바다 위에서 이루어지는 풍부한 색채의 일몰, 잔잔한 호수, 연하고 부드러운 색채의 야생화 수백만 송이가 바람결에 나부끼는 모습 등, 이 세상에 존재하는 온갖 아름다움의 목적은 무엇일까요? 우리가 자그마한 벌새들의 얽히고설킨 광채를 음미하면서 시간을 보내는 이유는 무엇일까요?

아름다움의 목적은 하나님의 멋진 창조성을 드러내는 것입니다. 우리가 아름다움을 음미하는 이유는 우리의 예배 감각을 드높이기 위해서입니다.

예전을 다루는 이 장에서 아름다움에 주목한 이유는 창세기 1-2장을 두고 벌이는 어리석은 논쟁이나 과학적 회의懷疑를 차단하기 위해서입니다. 과학은 찬양을 논박하지 않고, 성경의 서두는 과학적 물음에 대한 설명이 되겠다고 나서지 않습니다. 성경의 서두는 오히려 환희를 요구합니다. 예전의 시작(창세기 1-2장)이 우리를 감탄과 경배로 이끄는 것은, 공허와 허무의 어둠 속에서 삼위일체가 계속 현존하시면서 말씀으로 창조하시고, 찬란하게 빛나는 것들이 나타나게 하시기 때문입니다.

주

1 그들의 랩송에 등장하는 또 다른 반복구는 '우주의 회복'인데, 이것은 4장과 또 다른 장에서 다시 등장하게 될 것이다.
2 그것은 이 장의 목적은 아니다. 하지만 우리는 그 문제를 17장에서 다시 숙고하게 될 것이다.

4 행동과 공동체와 이야기가 성품을 형성한다

"당신은 당신이 먹는 대로 된다"는 속담이 있습니다. 이것은 어느 정도 맞는 말입니다. 영양가 있는 것을 먹으면 그만큼 건강이 더 좋아지는 것 같습니다. 그렇기는 하지만 유감스럽게도 우리 사회의 어떤 이들은 자신들이 어떤 사람이 될 것인지를 고려할 때 음식 그 이상은 생각하지 않습니다. 그들은 자신들의 미래를 스스로 자유롭게 설계하고 있다고 생각하지만, 정작 수많은 문화적 압박이 그들을 다양한 획일주의로 몰아넣고 있음은 깨닫지 못하는 것 같습니다.

토머스 머튼Thomas Merton의 말을 떠올려 봅니다. "당신이 살면서 추구하는 목적이 당신의 삶을 형성한다. 당신은 당신이 바라는 대상의 형상대로 만들어진다."[1] 우리는 앞의 여러 장에서 예배를 목표로 하여 성경 읽기를 하나님으로부터 시작하는 법을 배우고, 성경의 서두에 등장하는 예전이 어떻게 우리를 더욱 깊은 찬미로 이끄는지를 살펴보았습니다. 이제는 예배와 성경 읽기가 어떻게 우리를, 우리가 갈망하는 하나님의 형상대로 만들어 주는지에 대해 생각해 보도록 하겠습니다.

욕망 덩어리나 거친 삶의 부스러기 더미에 덮여 보이지 않는 때가 종종 있지만, 모든 사람의 가장 깊은 자아를 들여다보면 너나없이 하나님과 사귀고 싶어 한다는 것을 알 수 있습니다. 이는 앞 장에서 논의한 예배 법칙의 주된 요소입니다. 머튼은 이런 예를 듭니다. "도토리가 된다는 것은 떡갈나무가 될 조짐을 갖춘다는 뜻이다."[2] 그것은 제가 살고 있는 집에서 아주 쉽게 알아볼 수 있는 상징입니다. 우리 집 뒤뜰에는 거대한 떡갈나무가 있는데, 다람쥐들이 그 나무에서 떨어진 도토리들을 우리 집 안마당에 묻어 놓으면, 얼마 지나지 않아 제 남편이 어린 싹들을 캐낸 다음 그것들을 화분에 담아 친구들에게 나누어 주기 때문입니다. 우리 부부는 이웃집 안마당에서 자라는 묘목 두 그루가 얼마나 자랐는지 점검하곤 하는데, 지금 그것들은 키가 대략 4미터 50센티미터나 됩니다.

하나님의 형상대로 지어진 까닭에, 우리는 하나님처럼 되지 않으면 안 됩니다. (우리가 하나님이 되려고 할 때에는 문제가 생깁니다. 이 문제는 조금 뒤에 논의하게 될 것입니다.) "하나님이 모든 충만함을" 예수 안에

"머물게 하시기를 기뻐하셨으므로"(골 1:19, 사역), 우리는 사는 법을 알고자 그분께 의지하지 않으면 안 됩니다. 우리는 그분의 성품과 그 안에 본래부터 들어 있는 온갖 덕을 갖추어야 합니다.

그러자면 이 장을 앞의 세 장처럼 이 책의 다른 장들을 위한 배경과 기초로 삼을 필요가 있습니다. 우리가 그리스도의 성품을 갖추고, 그분을 통해 삼위일체 하나님의 성품을 갖추려면 어찌해야 할까요?

우리가 인정하는 사실이지만, 그 일은 우리가 할 수 있는 일이 아닙니다. 우리 자신을 예수처럼 생각하고 말하고 행동하는 사람으로 만드는 것은 우리가 할 수 있는 일이 아닙니다. 하나님의 은혜로, 성령이 우리 주위의 긍정적인 세력—피조물들, 하나님의 말씀, 기독교 공동체의 구성원들—을 통해 우리를 만드셔야 가능합니다.

아름다움이 세계 도처에 자리하고 있음을 인지한다면, 우리는 만나는 사람들의 삶 속에서 아름다움의 작인作因이 되려고 몸부림을 칠 것입니다. 우리가 하나님의 말씀 안에 머무른다면, 우리는 그 말씀으로 다듬어져 그 말씀이 이야기하고 묘사하는 덕德에 차츰 일치하려고 애쓸 것입니다. 우리의 결점을 지적해 주고 우리의 습관을 바로잡아 줄 공동체가 우리에게 있다면, 성령이 그들의 질책과 질정을 활용하여 새로운 성장을 북돋우실 것입니다.

우리에게는 예수님을 열심히 본받고 싶어 하는 사람들의 공동체가 필요합니다. 그런 공동체가 있으면, 우리는 서로 의지하면서 우리를 폭력과 탐욕과 소비지상주의와 마약중독과 혼미한 상태와 수동적인 상태로 끌어당기는 문화의 강력한 힘에 저항할 수 있을 것입니다.

기독교 공동체는 대안 공동체다

이 책을 읽어 내려가다 보면 왜 기독교 공동체가 반드시 우리 주변 사회의 대안이 되어야 하는지 좀더 분명히 알게 될 것입니다. 그러나 우리는 예수님을 본받을 경우 우리 삶의 다양한 차원에서 문화와 상충하는 지점에 놓일 수밖에 없다는 것을 알아야 합니다. 이 자리에서는 진정한 공동체가 제시하는 이 대안에 초점을 맞추고자 합니다.

NRSV가 고린도후서 5:17을 다음과 같이 그리스 원어 성경에 한층 더 일치하게 번역한 것을 보고, 저는 몹시 기뻤습니다. "누구든지 그리스도 안에 있으면, 거기에는 새로운 피조물이 있습니다"(고후 5:17, 진한 글씨는 필자의 강조, 사역). 이는 단순히 "그는 새로운 피조물입니다"라거나 "그녀는 새로운 피조물입니다"라는 말이 아니라, 모든 것이 다르니 우리 모두 함께 그 피조물을 가시화하여, 우리가 그리스도와 연합할 때 무슨 일이 일어날 수 있는지를 세계에 보여 주자는 뜻입니다.

그것은 우리가 다른 모든 사람보다 선하다는 말도, 더 거룩하다는 말도 아니고, 우리가 더 똑똑하다는 말도 아닙니다. 그것은 우리가 용서의 힘을 알고, 우리 안에서 활동하시는 성령을 따라 살면서, 하나님이 이 세계에서 하려고 하시는 일에 참여해야 한다는 뜻입니다. 우리는 우리가 어디를 향해 가고 있는지 알고 있습니다. 우리는 '머리이신 분(예수)을' 회복된 우주 위에 '얹어 드릴' 날을 소망하면서 우주의 '회복'을 향해 나아가고 있습니다. 마지막 때에 절정을 이룰 하나님의 영원한 통치를 향해 나아가고 있는 것입니다. 이처럼 우리는 삼위일체의 미래에 대한 확신을 굳게 부여잡고 있습니다. 동시에 우리는 하나님의 대사가 되는 특권(과 책임이 따르는 소명)을 가지고 하나님의 우주적 주권을 복음으로 선포하면서 이 세상에서 하나님의 뜻을 대행하는 자로 섬기고 있습니다.

이렇게 기독교 공동체가 대안이라고 강조하는 이유는 '이편과 저편'의 첨예한 대립 'we-they' mentality을 받아들이려는 것이 아닙니다. 우리는 도덕주의자가 되거나, 우리가 다른 사람들보다 우월하다는 환상에 빠지는 일이 없도록 깨어 있어야 합니다.

기독교 공동체가 대안 공동체라고 강조하는 이유는 우리를 겸손하게 만들려는 것입니다. 우리 혼자 힘으로는 제대로 살 수 없기 때문입니다. 우리가 성부 하나님이 지으신 피조물과 조화를 이루며 신실하게 살려면, 그리스도의 구원과 성령이 주시는 능력이 반드시 있어야 합니다.

공동체를 이루고 살아가는 우리 그리스도인들은 하나의 대안 공동체로서 서로 양육하고, 특히 우리의 자녀들을 다르게 양육합니다. 공동체를 이루고 살아가는 우리는 너나없이 성경의 가치관을 붙들고, 서로 돕는 일에, 그리고 우리의 젊은이들을 돕는 일에 마음을 씁니다. 하나님의 가르침은 우리에게 가장 좋은 생활방식을 제시하는데, 우리는 이 점을 다른 사람들에게 끊임없이 알리지 않으면 안 됩니다. 우리는 모든 이들에게 다양한 차이 속에서 기뻐하도록, 성령이 우리 삶 속에서 일으키시는 변화를 보고 기뻐하도록 권유합니다. 우리는 우리 자녀들이 어린아이일 때부터 그들에게 예배와 성경 말씀 듣기를 가르치는데, 이는 그들이 가급적 이른 시기부터 하나님의 멋진 계획, 하나님의 참된 가르침, 그 가르침을 따르는 즐거움을 발견하기를 간절히 바라기 때문입니다. 우리는 우리 자녀들이 의

무감으로 그렇게 하는 것이 아니라 하나님의 사랑이 깃든 계시와 초청, 삼위일체의 자비와 은혜에 대한 기꺼운 응답으로 그렇게 해주기를 간절히 바랍니다.

성품 형성

그러면 성품은 어떻게 형성되는 것일까요? 부모라면 누구나 이 문제의 해답을 알고 싶어 할 것입니다. 자기 자녀가 잘되기를 바라기 때문입니다. 실로 우리는 저마다 그 답을 알아야 합니다. 바꾸고 싶은 우리 자신의 모습, 곧 우리를 괴롭히는 성품적 특성이 우리 모두에게 있기 때문입니다. 우리는 모두 죄인인 까닭에 우리의 개인적 기질을 정밀하게 조사해 볼 필요가 있습니다.

그러나 성품 형성에는 원인과 결과로 나눌 수 있는 일정한 절차가 있는 것이 아닙니다. 우리 주위의 너무나 많은 요인들이 우리를 에워싸고서 특이한 결과들을 발생시키기 때문입니다. 하지만 성경 도처에서 우리가 되고자 하는 바를 위한 지침을 얻을 수 있습니다. 이미 우리는 창세기 1장에서 다음과 같은 사실을 깨달았습니다. 말하자면 성경이 하나님과 그분이

하시는 일에 대하여 무어라 말하는지를 알고자 하는 관점에서 성경을 읽어야 한다는 것, 성경 읽기의 목적은 예배여야 한다는 것, 성경 본문들은 그러한 활동들에 우리의 참여를 유도하려고 기록되었다는 것입니다. 그 밖에 우리가 우리의 성품 형성과 다른 이들의 성품 형성을 위하여 주의를 기울여야 할 것은 무엇일까요?

1. **규칙 그 이상, 혹은 목표 그 이상.** 많은 사람들이 성경을, 사람이 준수하며 살아야 할 일련의 규칙으로 여깁니다. 성경이 하나님의 법령들, 특히 십계명을 담고 있기는 하지만, 이것들은 우리로 하여금 '더 열심히' 따르게 하려고 기록된 것이 아닙니다. 사실, 규칙은 역효과를 내는 경우가 간혹 있습니다. 예컨대, 어떤 아이들은 그저 부모의 화를 돋우려고 부모의 규칙들을 거역하기도 합니다.

성경의 계명들은 은총의 진술과 함께 시작됩니다. 말하자면 이 계명들을 주시는 주님은 자기 백성을 이집트의 종살이에서 이끌어내신 분이시며, 그분의 자비로운 구원이 지금도 그분의 백성을 해방시켜 계명들에 복종으로 응답하게 한다는 것입니다. 규칙 자체가 아니라, 우리가 어떤 백성이 되어야 하는지에 초점이 맞추어져 있습니다. 행동의 법칙인 규칙이 아니라, 은혜로우신 하나님의 적극적인 초대와 즐거운 복종의 결과에 동기가 있는 것입니다.

어떤 이들은 성경이 천국에 이르는 법을 우리에게 일러 준다고 생각하지만, 성경은 우리가 도달하려고 애쓰는 특정한 목적을 담고 있지 않습니다. 하나님의 말씀은 우리가 얻으려고 하는 보상 그 이상의 것을 제공합니다. 하나님의 말씀은 우리에게 하나님의 선물로 주어진 영원한 기쁨에 관해 이야기합니다. 다시 말해서, 은총이 모든 것의 뿌리라는 것입니다. 우리 삶이 우리의 목표 달성 능력에 달려 있다면, 그리고 그보다 못한 것으로는 하나님을 기쁘게 해 드릴 수 없다면, 우리는 절망 속에서 스러지고 말 것입니다. 왜냐하면 우리는 우리 죄가 우리의 완성을 방해하고 있다는 것을 잘 알기 때문입니다. 하나님이 기뻐하시는 이유는 우리의 흠 있는 성품 때문이 아니라 그분의 자비로운 성품 때문입니다.

2. **은총은 갈망을 낳고, 갈망은 성품을 낳습니다.** 하나님의 은총을 속속들이 알면 알수록,[3] 하나님을 바라는 우리의 마음은 더욱더 커져 갑니다. 그리고 이 장의 서두에서 머튼에게 배웠듯이, 우리는 우리가 바라는 대상에 의해 만들어집니다.

이것은 은총이 다른 이들을 통해 우리에게 다가올 때에도 그대로 적용됩니다. 남들이 우리에게 없는 어떤 고매한 덕목을 드러내 보이면, 우리는 그들이 그러한 덕목을 소유하고 있음을 보고 그것들을 점점 더 소유하려 들게 마련입니다. 이것은 특히 제 결혼생활에도 그대로 해당됩니다. 저는 제 남편 마이런 Myron처럼 더욱 사려 깊고 곰살가운 사람이 되고 싶습니다. 그의 본성, 그의 성품 속에는 다른 이들의 필요를 살피는 예리한 관찰력과 그 필요를 즉시 충족시켜 주는 능력이 자리하고 있습니다. 무엇보다도 그는 이러한 성품적 특성이 그 자신에게서 오는 것이 아니라 하나님에게서 오는 것임을 인정하는 사람입니다.

하나님이 모든 것의 근원이심을 깨달으시기 바랍니다. 우리가 칭찬하는 온갖 덕목이 처음부터 하나님 안에 자리하고 있기 때문입니다. 하나님은 그러한 덕목들을 사모하는 마음을 우리 안에 두신 창조주이십니다. 우리는 어떤 종류의 사람이 될 것인가에 마음을 쓰도록 지어졌습니다. 기독교 공동체의 규칙과 목표 들은 우리를 도와 성품에 관한 물음들을 던지게 하는 이야기의 일부라고 할 수 있습니다. 성경 전체를 읽어 보면, 성경이 나쁜 성품과 좋은 성품의 수많은 보기를 보여 주면서, 우리로 하여금 후자를 더욱더 갈망하게 한다는 것을 알 수 있습니다.

3. **행동이 성품을 만듭니다.** 우리가 잊지 말아야 할 사실은, 삶은 나선형이라는 것입니다. 특정한 성품에서 특정한 행동이

일어나고, 그러한 행동은 그 성품을 강화합니다. 내가 친절한 사람이 되고자 한다면, 그리스도께서 내 안에 성령의 능력으로 거하셔야 할 것입니다. 그러면 나는 친절한 행위들을 선택하게 되고, 그 행위들은 습관으로 굳어질 것이며, 이 습관은 결국 그러한 덕을 갖춘 성품으로 자라게 될 것입니다.

우리의 행동이 지닌 성품 형성의 특성을 삼위일체와 연관 지어 생각해 볼 수도 있습니다. 어떤 여자가 자신에게 무언가가 잘못될 때마다 험악한 말을 쓰는 버릇을 가지고 있다가 그리스도인이 되었다고 가정해 봅시다. 무언가 잘못될 때마다 그녀가 험한 말을 하지 않고 성령의 능력으로 별 뜻 없는 말을 하거나, 더 나아가 침묵을 지키기로 선택한다면, 그녀는 옛 습관을 거부하고 새 습관을 만들어 가고 있는 것입니다. 자기 안에 그리스도께서 거하고 계심을 떠올리기만 해도 도움을 얻게 될 것입니다. 전에 자기 성품의 한 특징이었던 험악한 말을 그분이 결코 하지 않으실 것이라고 확신하게 될 것입니다. 또한 그녀는 성부 하나님과 그리스도를 성나게 하고 싶지 않을 것입니다. 삼위일체를 마음속에 모시면 모실수록 더욱더 힘차게 자라서 예전과는 다른 행동을 택하게 될 것입니다. 그러면 그 행동은 그녀의 성품을 형성해 주어, 좀더 품위 있는 말을 할 수 있게 해줄 것입니다.

4. 무엇이 성품 형성을 방해할까요? 우리는 우리 자신, 우리의 돈, 우리의 시간, 우리의 행동들에 대한 잘못된 생각들을 우리에게 쉴 새 없이 퍼부어대는 환경 속에서 살고 있습니다. 그런 까닭에 우리는 일부러라도 성경의 관점을 우리 자신과 남들 안에 자리하게 만들지 않으면 안 됩니다.

우리는 우리의 환경과 관련하여 엄밀한 물음들을 던져야 합니다. 물고기와 사람을 비교하여 환경의 중요성을 설명하는 것도 괜찮을 것 같습니다. 물고기는 물이라는 환경 속에 살면서 아가미로 산소를 흡입해야 하지만, 사람은 물속에 가라앉아서는 숨을 쉴 수가 없습니다. 우리가 어떤 사람이냐에 따라 우리가 번성할 수 있는 환경도 가지가지입니다. 저는 회의에 참석하여 토론할 때 기운이 왕성해지고, 마이런은 정원에 있을 때 기운이 펄펄 납니다.

환경의 온갖 요인이 우리의 성장에 영향을 미칩니다. 유독한 물에서 헤엄치는 물고기는 죽고 말 것입니다. 중금속에 오염된 물고기를 먹는다면 우리는 조만간 병자가 되고 말 것입니다. 지금 우리 사회의 청소년들은 폭력, 성 착취, 소비지상주의, 과학기술의 폭격 같은 유해 환경 속에서 자라고 있습니다. 우리는 대담, 음악, 인쇄물, 하이테크 매체들에서 내보내는 비성경적 가치관에 끊임없이 노출되고 있습니다. 이런 시대에 젊은

이들과 어른들이 화해, 순결, 단순성, 정의, 공동체를 택하려면 어찌해야 할까요?

우리 가운데에서 관심 있는 이들이 진지한 마음으로 대안 환경을 조성할 필요가 있습니다. 우리 사회의 도덕적 무관심이 우리를 옴짝달싹 못하게 하도록 내버려두어서는 안 됩니다. 우리를 둘러싼 세계는 기독교 공동체가 거룩한 성품에 대해 가르쳐 주기를 간절히 기다리고 있습니다.

5. **성품의 양육자, 기독교 공동체.** 노인 요양원을 정기적으로 방문하여 살펴본 적이 있는 사람이라면, 어느 거주자들이 결혼한 부부인지 알아맞힐 수 있을 것입니다. 이는 수많은 세월을 거쳐 황금빛으로 무르익은 그들의 애정 때문이기도 하지만, 그들이 오랫동안 함께 살아오면서 서로의 습관과 말투를 고스란히 받아들였기 때문일 것입니다.

우리는 기독교 공동체와 그리스도의 관계에서 동일한 현상을 엿볼 수 있습니다. 사도 바울은 이렇게 말합니다. "우리 모두는 너울을 벗은 얼굴로 거울을 보듯 그리스도의 영광을 보면서 그리스도와 같은 모습으로 변화되어 영광에서 영광으로 나아갑니다. 이는 영이신 주님으로 말미암은 것입니다"(고후 3:18 NASB, 사역). 이런 일이 잦은 것은, '우리 모두'가 예수님을 함께 바라보면서 그분처럼 되고, 성령이 우리를 그분과 닮은 모습으로 변화시켜 주시기 때문입니다.

기독교 교구는 다양한 수단을 통해 그러한 변화를 장려합니다. 우리는 회중 예배와 성경 수업에서 삼위일체가 어떤 분인지, 하나님의 백성이 그 반응으로 어떠한 모습이 되는지 가르쳐 주는 이야기들을 발견하고 그 이야기들을 깊이 숙고합니다. 우리는 공동체의 친교 속에서 그러한 덕들의 구체적인 표현을 접하게 됩니다. 우리가 하나님의 것 이외의 가치관을 택할 때에는 교회의 징계를 통해 훈계와 경고와 교육과 사랑을 받습니다. 우리는 포스트모던 시대가 진리와 성경 이야기들을 부정함에도 불구하고, 회중의 힘으로 우리의 용기를 북돋워 우리가 하나님에 대하여 알고 있는 진리들을 계속 껴안게 됩니다. 기독교 공동체 생활의 양상들이 거룩한 성품의 발달을 계속 촉진하면 촉진할수록, 회중 공동체는 대안 환경을 더욱 충분히 제공해 줄 것입니다. 그러나 이 일은 저절로 일어날 수 있는 것이 아닙니다. 우리 사회의 환경에 맞서 호소력 있는 대안을 제시하려면 계획적이고 일관된 준비, 파급 효과가 크고 강력하며 더없이 훌륭한 준비가 있어야 합니다.

6. **우리를 형성하는 이야기들**. 이 책의 나머지 부분에서는, 우리가 다른 사람들이 길렀으면 하는 성품, 우리 자신이 품고 자라기를 열망하는 성품의 특성들과 관련하여 다음과 같이 신

중한 질문들을 던지게 될 것입니다. "하나님의 말씀은 어떻게 우리를 안내하여 이러한 덕목을 볼 수 있게 하는가? 어떤 특성들이 드러나는가? 성경 이야기들은 하나님의 백성들이 서로 어떤 관계를 맺었으며, 하나님과는 또 어떤 관계를 맺었다고 말하는가? 하나님이 내리신 명령들 가운데에서 무시할 경우 우리의 목숨을 걸어야 하는 명령은 어떤 것들인가? 특히 어떤 우상숭배가 위험한가?"

우리는 이 책에서 창세기 1-3장에만 특별히 마음을 쓰고 있지만, 예수님은 신약성경에서 하나님이 삼위일체이심을 분명히 알리셨습니다. 성경이 다른 두 위격과 연합된 성령에 의해 영감을 받아 쓰였기 때문에, 우리는 창세기 1장이 삼위일체를 암시하고 있다고 믿습니다.

창세기 1:2 하반절은 이렇게 번역되어 있습니다. "그리고 하나님의 영이 물 위에 떠다니고 있었다"(NIV, 사역). 유진 피터슨 Eugene Peterson은 그것을 이렇게 번역하고 있습니다. "하나님의 영이 물의 심연을 새처럼 품고 있었다"(『메시지』). 요한복음은 예수님을 "그 말씀"이라 부르고(1:1-8), 골로새서 저자는 요한에 동참하여, 모든 것이 그분을 통해 창조되었다고 말하고 있습니다(골 1:16; 요 1:3). 이렇게 창조주의 말씀은 우리에게 성육신 이전의 그리스도를 제시합니다. 이 모든 것을 가장 잘 연상시키는 구절은 창세기 1:26상반절인데, 거기에서 하나님은 이렇게 말씀하십니다. "우리의 모습을 따라서, 우리의 형상대로 인류humankind를 만들자."**4**

이 책은 삼위일체를 충분히 논의하는 자리는 아닙니다. 하지만 그 주제를 소개하는 것은 뜻깊은 일입니다. 우리를 형성하는 이야기들이 삼위일체 하나님의 이야기들이기 때문입니다. 우리는 하나님이 우리를 위하여 의도하신 성품에 이르기까지 자랍니다. 그리스도께서 하나님의 영광을 위해 성령의 능력으로 우리 안에 거주하시기 때문입니다. 우리가 성경 이야기들 속에서 삼위일체 하나님을 본다면, 우리는 그분처럼 되고 싶을 것입니다.

7. 이 모든 것은 하나님의 영광과 세계의 선을 위한 것입니다. 여러분은 이 책의 모든 내용에 동의하지는 않을 것입니다. 그렇다고 해도 이 책의 주된 목적에 동의하기만 한다면 저는 아무래도 상관없습니다. 이 책은 그리스도인들이 창세기를 두고 다투지 않게 하려는 의도에서 시작된 책일 뿐입니다. 저는 여러분이 그런 다툼을 넘어 창세기 본문들과 그것들이 함축하고 있는 의미들에 대해 새로운 물음들을 던지고, 우리 안의 거룩한 성품을 길러 줄 기독교 공동체를 발전시키며, 우리 사회의 유해 환경에 빠져 허우적거리는 사람들에게 희망을 안겨 주

기를 바랍니다. 무엇보다도, 이 모든 것이 삼위일체께 영광을 돌리고, 우리를 끊임없는 예배로 이끌어 주는 데 사용되길 바랍니다.

주

1 Thomas Merton, *Thoughts in Solitude* (New York: Dell, 1958), p. 67. 「고독 속의 명상」(성바오로출판사). Art Simon, *Rediscovering the Lord's Prayer* (Minneapolis: Augusburg, 2005), p. 44에 인용됨.
2 같은 책, p. 35.
3 '알다'를 뜻하는 히브리 단어는 '친밀함, 통정'(intimacy)의 의미도 포함하고 있다.
4 우리는 이 선언이 함축하고 있는 어떤 의미들을 6장에서 살펴보게 될 것이다.

2부

더없이 좋은 창조

5 태초 여섯 날의 경이를 찬미하라

이 책의 3장에서 배운 대로, 창세기의 첫 주요 부분(1:1-2:3)은 예전을 염두에 두고 구성된 것입니다. 그러므로 이 장은 예배로 시작해 보도록 하겠습니다. 아래의 인용문은 첫 번째 창조 기사를 반영하여 찬양을 권유하는 시편 148편을 따라 사용하도록 마련된 기도문입니다. 아래의 기도문을 읽기 전에 시편 148편을 큰 소리로 읽어 보는 것도 좋을 것입니다.

> 지극히 높으신 하나님, 당신께서는 당신의 말씀으로 경이로운 우주를 창조하시고, 당신의 영으로 생명의 숨을 그 속에 불어넣으셨습니다. 피조물이 부르는 찬가, 저희 입술에서 나오는 찬양을 받으시고, 천국에서 울려 퍼지는 찬양이 이 세상 모든 피조물들의 마음속에 성부와 성자와 성령의 영광을 위하여 이제와 영

원히 울려 퍼지게 하소서.[1]

불과 우박, 눈과 서리, 폭풍마저 하나님의 명령을 수행하며 주님을 찬양하고 있으니, 우리도 하나님이 지으신 온갖 경이로운 것을 보면서 우리의 전 존재를 다하여 그분을 경배하도록 합시다.

월터 왱어린 주니어Walter Wangerin Jr.는 그의 훌륭한 책 「태초에는 하늘이 없었다」 In the Beginning There Was No Sky에서 어린이들을 위로하면서, 하나님이 어린이들을 얼마나 사랑하시는지, 빛을 지으신 다음에 텅 빈 우주로부터 그들을 지키시려고 하늘까지 창조하셨다고 말하고 있습니다.[2] 그러니 우리의 환경을 살 만한 곳으로 만들어 주고, 우리 삶에 기쁨과 활력을 가득 채워 주는 현상들을 바라보면서 우리의 모든 것을 다하여 하나님께 감사하도록 합시다.

창조 기사들

성경의 장절 구분이 1227년경 대주교 스티븐 랭턴Steven Langton에 의해 이루어지지 않고 16세기에 이루어졌더라면, 마르틴 루터는 첫 번째 구분이 창세기 1:2 뒤에서 이루어져야 한다고 확신했을 것입니다. 그는 창세기 서두의 총괄적인 서술(창 1:1-1:2)을, "하나님이 이르시되"라는 표현이 등장하는 두 번째 단계와는 다른 첫 번째 창조 기사로 구분했습니다.

누가 먼저 혹은 언제 알아냈는지는 모르겠으나, 21세기 학자들은 대체로 창세기 1:1-2:3이 한 덩어리로 붙어 있어야 함을 인정하고 있습니다. 거기에 등장하는 긍정적인 명사들이 모두 7의 배수이기 때문입니다(10장을 보십시오). 남자와 여자의 창조, 그리고 그들의 독특한 관계를 자세히 다루는 두 번째 기사는 창세기 2:4에서부터 시작됩니다.

예전이나 다름없는 첫 번째 기사

앞에서 밝힌 대로, 창세기 1:1-2:3은 예전이나 다름없습니다. 그것은 찬미의 노래입니다. 첫 번째 기사를 그런 식으로 음미해 봅시다. 피조물이 생겨나는 순서에 따라 그 피조물의 특성들을 명명하여 묵상하고, "어서 와서, 예배드립시다"라는 구절로 설명을 마친 다음, 소리를 내긴 내지 않건 간에, 입을 열어 "창조주시여, 우리가 온갖 좋은 것을 보고 당신을 찬미합니다" 하고 응답해 봅시다.

연습 삼아 해 보면 다음과 같습니다.

하나님이 하늘과 땅을 창조하셨습니다. 하나님이 삼위일체의 온 우주 가운데 우리를 위하여 특별한 거처를 만드셨습니다.
　어서 와서, 예배드립시다. ["창조주시여, 우리가 온갖 좋은 것을 보고 당신을 찬미합니다."]

창세기 1:3-5, 첫째 날

하루는 스물네 시간이었을까요, 정확히 엿새였을까요? 히브리 원어 성경에 등장하는 히브리 단어 '욤'(*yom*, '날·하루'를 의미한다—역주)은 성경의 다른 자리에서처럼 영겁*aeons*을 의미한 것이 아니었을까요? 중요한 것은 이 물음들의 답이 무엇이건 간에, 그것이 구원에는 중요하지 않다는 것입니다. 그러니 우리처럼 믿지 않는다고 하여 누군가를 우리의 공동체로부터 밀어내는 일이 있어서는 안 됩니다. 사실, 저는 삼위일체 하나님이 하루나 이틀 안에 온 우주를 창조하실 수도 있을 만큼 강력하고 선한 분이시라고 생각합니다.

정말로 중요한 것은 찬양과 감사를 강조하는 것입니다. 삼위일체 하나님은 빛의 근원이십니다. 그 빛이 없었으면 우리는 그분이 지으신 작품의 놀라운 경이를 맛보지 못했을 것입니다. 그것이 없었으면 우리는 스스로 아무것도 하지 못했을 것입니다. 또한 하나님은 빛을 어둠에서 분리시키시고, 빛을 낮이라 부르시고 어둠을 밤이라 부르시어, 우리에게 낮과 밤의 리듬을 주셨습니다.

우리의 지구가 낮과 밤의 리듬, 저녁과 아침의 리듬을 한 번도 잃지 않게 해주신 하나님을 찬미합시다. 우리의 빛이신 하나님과 그분이 지으신 빛은 언제나 좋은 것이니, 기쁜 마음으로 외칩시다.

어서 와서, 예배드립시다. ["창조주시여, 우리가 온갖 좋은 것을 보고 당신을 찬미합니다."]

창세기 1:6-8, 둘째 날

우리가 살고 있는 지구는 처음부터 우리를 창공으로 보호하도록 창조되었습니다. 이 지구상에 호흡할 수 있는 적당량의 산소, 비와 눈의 재료가 되는 수분, 유성들을 태워 버리는 대기권, 보호할 목적으로 지어진 오존층이 있다는 것은 실로 경이로운 일이 아닐 수 없습니다. 하나님이 하늘을 창조하셨으니, 실로 기쁘지 않은가요!

대기권이 바다로 추락하지 않고, 바다가 중력을 거슬러 하늘로 올라가지 않은 것은 실로 은총이 아닐 수 없습니다. 하나님이 처음부터 물과 물이 갈라지게 하시고, 이 지구를 살기에 알맞은 곳으로 만들어 주신 것이지요.

어서 와서, 예배드립시다. ["창조주시여, 우리가 온갖 좋은 것을 보고 당신을 찬미합니다."]

창세기 1:9-13, 셋째 날

하나님이 물을 물에서 갈라 놓으시고, 뭍을 우리가 거주할 땅으로 정하셨으니, 실로 멋진 선물이 아닌가요! 하나님이 물을 모으시어 이 세상의 온갖 빗방울, 갖가지 눈송이와 온갖 종류의 우박, 짙고 옅은 안개들, 온갖 개울물과 연못물과 웅덩이 물, 온갖 빙하와 설원, 온갖 시냇물과 강물과 피오르드, 우물과 지하 광천수, 호수와 만灣과 대양들로 다양하게 하셨으니, 우리가 어찌 감사하지 않을 수 있겠습니까! 물이 제 경계선을 지켜 식물이 잘 자라게 해주니, 우리가 어찌 놀라지 않을 수 있겠습니까!

식물은 또 얼마나 다양한지요! 제 남편은 우리 집을 에워싸고 있는 정원에서 다양한 꽃을 기릅니다. 그 가운데에서 우들oodles은 무성히 자라 다양한 꽃을 피우며 보는 눈을 즐겁게 해줍니다.[3] 1년 내내 한 종류의 꽃이라도 피어 있지 않은 적이 한 번도 없습니다. 어떤 꽃들은 사과, 체리, 딸기, 나무딸기, 로건베리 같은 과일로 무르익고, 어떤 것들은 다양한 종류의 푸성귀로 자라나고, 어떤 것들은 풀씨나 관목 씨앗이나 나무 열매로 변합니다.

물과 땅과 식물을 내셨으니, 삼위일체 하나님께 어찌 경의를 표하지 않을 수 있겠습니까! 식물이 종류별로 씨앗과 열매를 맺게 하시고, 바나나나무에서는 바나나를 기대하게 하시고, 캔털루프[4] 씨앗은 땅에 심기어 캔털루프를 기대하게 하시니, 하나님께 감사합시다.

어서 와서, 예배드립시다. ["창조주시여, 우리가 온갖 좋은 것을 보고 당신을 찬미합니다."]

창세기 1:14-19, 넷째 날

지구가 태양 주위를 계속 돌지 않는다면, 우리가 어떻게 생존하겠습니까? 한 달에 한 번씩 모양이 바뀌는 달의 아름다움과, 별들 총총한 놀라운 우주를 인식하지 못한다면 커다란 손실 아니겠습니까? 달이 조수에 영향을 미치지 않는다면 이 세계는 썩고 말 것입니다! 오르내리는 조수와 흘러드는 강물이 산소를 불어넣어 바다 동물과 바다 식물 들을 조화롭게 유지해 주지 않는다면, 수많은 생명이 사라지고 말 것입니다.

하나님의 은총을 상징하고, 계절과 날과 해를 나타내니, 태양은 실로 좋지 아니한가요! 아침마다 우리를 깨워 새로운 하루를 시작하게 하니, 보배가 아니고 무엇이겠습니까. 우리의 거주지에 다양한 식물과 빛깔과 곡식 들을 가져다주는 사계절이 있고, 추위와 동면의 겨울 뒤에는 어김없이 싱그럽고 아름다운 생명의 봄이 찾아오니, 어찌 기뻐하지 않겠습니까.

어서 와서, 예배드립시다. ["창조주시여, 우리가 온갖 좋은 것을 보고 당신을 찬미합니다."]

창세기 1:20-23, 다섯째 날

무리 지어 다니는 동물들, 무수한 형태와 노래를 지닌 새들, 대양을 헤치고 나아가는 거대한 바다 동물들과 더불어 우리의 세계는 호기심을 가득 자아냅니다. 물고기가 산란을 위해 상류로 헤엄쳐 올라가고, 새들이 겨울을 나려고 남쪽으로 날아가고, 펠리컨이 돌고래를 낳지 않고 고래가 자기의 도약 한계선을 넘어 공중으로 올라가려 하지 않는 모습은 얼마나 조화로운지요.

새들과 나비들이 늘어나 우리가 상상할 수 있는 온갖 색깔과 빛깔로 지구를 가득 채우는 모습은 참으로 은혜롭지 않습니까! 산란하는 물고기의 풍성한 번식력은 실로 놀랍습니다! 새들의 지저귐은 감미롭고 성실하기까지 합니다! 다양한 곤충들과 딱정벌레들은 얼마나 경이로운지요! 이들도 모두 조화로운 우주 안에서 나름의 기능을 하도록 지어진 꼭 필요한 것들입니다!

어서 와서, 예배드립시다. ["창조주시여, 우리가 온갖 좋은 것을 보고 당신을 찬미합니다."]

창세기 1:24-25, 여섯째 날

다양한 종류의 들짐승들과 기어다니는 것들과 집짐승들은 얼마나 무수하며, 그들의 소리는 또 얼마나 다양하며, 그들의 생김새는 얼마나 우리를 들뜨게 하며, 그들이 우리에게 주는 선물은 또 얼마나 놀라운지요! 집짐승과 들짐승 들이 끊임없이 늘어나게 하고, 특히 우리 몸 안에 거주하는 미생물들이 우리를 위하여 끊임없이 증식하게 하고, 그것들이 종류별로 늘어나게 하신 것은 얼마나 멋진 계획인지요! 우리의 소화기관을 돕는 박테리아가 모기로 둔갑한다면 얼마나 불쾌하겠는지요!

가젤 영양들이 달리는 모습은 우아하기 이를 데 없습니다! 사자들의 포효는 참으로 당당합니다! 하마, 기린, 개미핥기의 생김새는 상상을 초월하지요!

이것은 여섯째 날의 일부일 뿐입니다. 그러나 나머지는 그 자체가 하나의 사건입니다. 우리가 이렇게 말할 수 있는 것은 하나님이 짐승들의 창조를 "좋았다"라는 표현으로 마무리 지으시기 때문입니다.[5] 집짐승과 들짐승은 우리에게 너무나 놀랍고 소중한 것들이니, 온갖 땅짐승들을 선물로 주신 하나님을 소리 높여 찬미합시다.

어서 와서, 예배드립시다. ["창조주시여, 우리가 온갖 좋은 것을 보고 당신을 찬미합니다."]

한 주 동안 주신 선물들을 떠올리면서 다시 한 번 말해 봅시다. 어서 와서, 예배드립시다. ["창조주시여, 우리가 온갖 좋은 것을 보고 당신을 찬미합니다."]

주

1 Prayer for Psalm 148. *For All the Saints: A Prayer Book For and By the Church*, vol. 3, year 2, Advent to the Day of Pentecost, comp. and ed. Frederick J Schumacher with Dorothy A. Zelenko (Dehli, N.Y.: American Lutheran Publicity Bureau, 1995), p. 783 에 인용됨.

2 Walter Wangerin Jr., *In the Beginning There Was No Sky* (Nashville: Nelson, 1986).

3 우들은 보통 데이 릴리(day lily)로 불린다. 다양한 모양과 다채로운 빛깔의 꽃을 피우며, 종류가 다양하다. 우리나라에서는 원추리라 부른다—역주.

4 캔털루프(cantaloupe)는 멜론의 일종으로서, 열매의 겉에 그물눈이 생기지 않고 혹 모양의 돌기가 있다—역주.

5 남자와 여자의 창조는 창세기 본문에서 따로 꾸며져 있기에, 우리는 그것을 다음 장에서 논의하게 될 것이다.

6 하나님의 형상대로 창조된 인간

인간 창조는 태초의 여섯 날 동안 이루어진 나머지 창조와 구별됩니다. 인간 창조는 하나님이 삼위일체이신 자신에게 말씀하심으로 시작하셨기 때문입니다. 하나님이 이 내적인 대화 속에서 너무나 중요한 것을 말씀하셨기에, 우리는 아래에 인용한 구절의 모든 표현을 면밀히 살펴보지 않으면 안 됩니다.

> 우리가 우리의 모습을 따라서, 우리의 형상대로 인류humankind를 만들자. 그리고 그들이 바다의 고기와 공중의 새와 가축과 땅의 모든 들짐승과 땅 위를 기어다니는 모든 파충류들을 다스리게 하자(창 1:26, 사역).

위의 문장은 우리 모두에 대하여 엄청난 의미들을 내포하고 있습니다. 그것은 우리의 신학적 이해에 영향을 미치는 많은 물음들을 불러일으킵니다. 이 장에서는 26절 상반절과 그것의 성취라고 할 수 있는 27절을 고찰하고, 26절의 마지막 3분의 2는 7장에서 탐구하고자 합니다.

아담의 중요성

우리의 주요 주제를 논의하기에 앞서, 우리는 인류humankind라는 단어의 용법과 관련된 두 가지 요점을 먼저 알아야 합니다. 하나는 이 번역어의 배경이 된 히브리 단어가 '아담'adam이라는 것입니다. 그것은 '흙으로 지어진 것'earth creature을 총칭하는 단어입니다. 히브리 단어인 '아다마'adamah가 '땅, 흙'을 의미하기 때문입니다. 남자와 여자를 뜻하는 특수 용어들은 아직 등장하지 않습니다. 그 용어들은 창세기 2장에서 비로소 등장합니다.

두 번째 요점은, '아담'이라는 단어를 반드시 일반적인 의미로 번역해야 한다는 것입니다. 그러지 않으면 그다음 절에서, 하나님이 하신 이 내적인 대화의 마무리로서 삼위일체가 '아담'을 남자와 여자로 만드셨다는 점을 놓치게 될 것입니다.

하나님의 형상과 모습

앞 장에서 우리는 이 구절이 명시적이지는 않지만 삼위일체를 암시하고 있음을 간략히 언급했습니다. 하나님이 말씀하신 "우리가"라는 표현과 "우리의 모습을 따라서, 우리의 형상대로"라는 표현은 무엇을 의미할까요?

제가 그러한 복수형 표현들을 이해하게 된 것은 12년 전 그리스 정교회의 칼리스토스 웨어 주교Bishop Kallistos Ware가 한 말을 듣고 나서의 일입니다. 그때 그는 이렇게 말했습니다. "기도는 삼위일체의 대화를 엿듣는 것이다." 학자들이 종종 말하듯이, 동방 정교회와 서방 가톨릭은 서로에게서 삼위일체를 이해할 필요가 있습니다. 그리스어 덕에 동방 정교회는 하나님의 하나되심(Oneness, 하나님의 '본체')을 더 잘 묘사할 수 있고, 라틴어의 '페르소나'(persona, 가면·외적 인격을 뜻함—역주) 덕에 서방 교회는 독립된 세 위격 하나하나에 더 충분히 집중할 수 있기 때문입니다.

종족 대학살이 있은 지 얼마 되지 않은 르완다에서 절친한 친구인 수잔Susan이 응급의료전문의로 봉사하고 있을 때, 저는 수잔이 처한 위험에 압도된 나머지 그녀를 위해 기도조차 할 수 없었습니다. 그러다가 웨이 주교의 충고를 떠올리고 나서야 기도할 수 있었습니다. 성부 하나님이 폭력에 희생된 자녀들을 보시고 얼마나 걱정하셨는지, 그곳에서 봉사하는 의사와 간호사 들이 하나님과 비슷한 보살핌으로 대량학살에 희생된 후투 족과 투치 족을 돌보아 주어서 얼마나 고마워하셨는지 이야기하시는 모습을 떠올려 보십시오. 성자 예수님이 모든 사람을 너무나 사랑하시어 몸소 죽으시고 다시 살아나셔서 이 무시무시한 환경에서 용서를 가능하게 하셨다고 말씀하시는 모습을 떠올려 보십시오. 특히 그분은 그곳에서 종사하는 그리스도인 의사들과 간호사들 안에 거주하시면서 그들을 통하여 사람들의 육체는 물론 정신과 마음과 영혼까지 치료하셨습니다. 그리고 성령 하나님이 그 능력을 의료진에게 부어 주시어, 그들이 도저히 감당할 수 없을 것 같은 일을 친절과 인내로 오랜 시간 동안 감당할 수 있게 해주셨다고 말씀하시는 모습도 상상해 보십시오.

그런 대화의 상세한 내용을 상상하는 것은, 삼위일체 하나님의 불가해한 사랑이 제 친구를 위험한 상황에서 온전히 감싸 주셨다는 깨달음만큼 중요한 것은 아니었습니다. 대신, 저는 삼위일체의 대화를 귀기울여 듣는다고 상상함으로써, 하나님은 우리가 늘 더 배워야 하는 신비이심을 알 수 있었습니다. 말하자면 하나님이 한 분이시자 동시에 세 위격이시라는 사실은 이해의 대상이 아니라 언제나 믿음의 대상이라는 것입니다.

이렇게 마음속으로 상상해 봄으로써, 저는 "[그분들의] 모습을 따라서" 지어진다는 것이 무슨 뜻인지를 좀더 분명히 알게 되었습니다. 저는 수잔의 마음과 의지를 알았고, 어떻게 그녀가 전쟁으로 찢긴 아프리카에서 난민들을 섬기는 일에 생을 바치게 되었는지도 이해하게 되었습니다. 지난날, 저는 그녀가 자신의 일에 대해 이야기하는 것을 듣고 그녀의 열의와 열정을 알게 되면서 하나님이 우주에 베풀어 주시는 은총의 불가해한 차원과 불가사의한 열의를 조금이라도 엿볼 수 있었습니다. 수잔은 하나님을 닮아 있었습니다. 그런 까닭에 그녀의 삶은 언제나 하나님과 그분의 속성들, 자녀들을 구원하시고 회복시키시는 그분의 활동들을 담지하고 있었습니다.

웨어 주교의 기도 경험은 특히 하나님의 형상대로 지어진다는 것이 무슨 뜻인지를 묻는 데 도움을 줍니다. 창세기 1:27은 아래와 같이 시적으로 기록되어 있습니다(사역).

하나님이 자기 형상대로 인류를 창조하셨으니,
곧 하나님의 형상대로 그들을 창조하셨다.
하나님이 그들을 남자와 여자로 창조하셨다.

학자들은 '그 형상대로' 사는 것의 의미를 두고 각기 다른 제안을 하지만, 그것이 관계 속의 삶을 포함하고 있다는 데에는 모두 동의하는 편입니다. 형상이라는 단어가 복수형이고 남성과 여성을 포함하고 있는 까닭에, 인간은 대화에서도 삼위일체에 뒤지지 않고, 공동 목표를 가지고 함께 일하는 데에서도 삼위일체에 뒤지지 않습니다. 창세기 1:27은 제가 '사회적인 성' social sexuality이라고 부르는 것만을 다루고 있습니다.[1] '생식기에 의한 성'genital sexuality은 창세기 2장에서 소개됩니다(13장을 보십시오).

잠시 논의를 멈추고, 다음 사실을 인정하도록 합시다. 창세기 1:27은 성경을 가부장제의 산물로 여기는 사람들에게 결정적인 답을 내놓습니다. 성경의 기록과 편집을 에워싸고 있던 문화는 확실히 남성이 지배하는 문화였지만, 성경의 수많은 구절들이 그러한 경향에 반대하여 성경을 하나의 대안으로 만들고 있습니다. 특히 의미심장한 것은, 남성과 여성이 하나님의 형상을 똑같이 물려받았다는 것입니다. 창세기 1:27(과 우리가 장차 살펴볼 여타의 구절들)이 어떤 제약도 없이 기록되었고, 하나님의 사람들이 성령의 인도하심을 받아 성경에 들어갈 여러 책의 순서와 내용을 결정할 때에 그것(창 1:27)이 정경의 서두에 놓였다는 점도 의미심장합니다. 하나님과 하나님의 사람들이 남성과 여성을 하나님 형상의 동등한 소지자로 임명한 것입니다.

타락의 결과가 우리 눈에 띄는 것은, 인간이 삼위일체를 단편적으로만 흉내 냈기 때문입니다(16장을 보십시오). 우리가 하나님의 형상대로 창조되었다 해도, 그 형상은 손상되고 흐려지고 축소되고 말았습니다. 그렇다고 빛을 잃은 것은 아닙니다. 하나님의 형상이 남성과 여성을 아우르기 때문에, 저는 삼위일체 안에서 남성과 여성의 가장 좋은 성품과 그 이상의 성품을 발견할 수 있다고 믿습니다. 하나님은 성의 구별을 초월하신 분입니다. 한 위격이 육신을 입고 남성으로 오시긴 했지만, 이는 여성들만이 희생적으로 섬기는 이들이라는 잘못된 고정관념을 타파하시기 위함이었습니다. 우리는 하나님의 형상대로 지어졌으므로, 남성이든 여성이든 하나님 안에서 우리의 가장 바람직한 자아를 발견하게 될 것입니다.

1960년대에 "나는 내가 되어야 해"라고 말하던 이들은 너나없이 자기실현을 좇아 내면으로 방향을 틀다가 터무니없는 실수를 저질렀습니다. 왜냐하면 아우구스티누스가 적절히 말한 대로, 우리의 영은 끊임없이 불안해하다가 하나님 안에서만 안식을 얻을 수 있기 때문입니다. 그리고 50여 년이 지난 지금, 타락한 문화가 우리의 남성성과 여성성으로 하여금 하나님의 형상을 모방하지 못하게 하면서, 그것을 광고와 영화가 만들어 낸 틀에 억지로 밀어 넣으려 하고 있습니다.

우리는 우리의 남성됨이나 여성됨에 관한 온갖 고정관념으로부터 해방되었습니다. 왜냐하면 우리는 하나님의 상을 어떻게 그리느냐에 따라 이것도 되고 저것도 되는 우리 나름의 독특한 방식을 발견하고 있기 때문입니다. 예컨대, 제 남편은 탁월한 양육자인데, 이는 남자들보다는 여자들과 더 자주 연결되는 특징입니다. (저는 제 컴퓨터 동의어 사전에서 양육nurturing이라는 단어를 검색했을 때, 그것의 여섯 가지 주제어가 "여성의, 여자다운, 온화한, 여자 같은, 부드러운, 여성스러운"라는 것을 알고 나서 배꼽을 잡고 웃었습니다!) 남편이 초등학교에서 교편을 잡고 있던 시절, 그의 속 깊고 온화한 성품은 문제 가정 아이들의 성적을 향상시키는 데 엄청난 효과를 발휘했습니다. 그는 현재 자신의 양육 기술과 예술성을 우리 집 안마당의 풍성한 정원에 쏟아 붓고 있으며, 지난가을 제 넓적다리가 부러졌을 때에는 저를 세세히 보살펴 주고 도와주기까지 했습니다. 저는 그를 볼 때마다 그에게서 예수님의 형상을 발견합니다.

하나님의 형상대로 사는 것의 궁극적인 모습은 우리가 2장에서 논의한 예배의 법칙과도 관계가 있습니다. 우리는 아우구스티누스의 멋진 기도가 우리에게 상기시키는 것처럼, 하나님과 완전한 합일을 이루기까지는 결코 만족하지 못할 것입니다. 제가 보기에, 삼위일체 안에서 삼위일체와 사귀면서 하나님을 온전히 예배하려는 억누를 수 없는 갈망은 그분의 형상대로 지어진 우리가 도달해야 할 가장 중요한 결론인 것 같습니다.

　이렇게 하나님의 형상대로 지어졌음을 의식함으로써, 우리는 다른 사람들 안에서 끊임없이 그 형상을 찾고, 그들이 그것을 알아보고 깨닫도록 우리가 할 수 있는 일을 하여, 그들을 예배에 참여시킬 수 있습니다. 그리하여 우리는 삼위일체와 하나가 되려는 그들의 갈망, 자신들을 지으신 하나님께 경배로 응답하려는 그들의 가장 깊은 갈망에 답을 제시할 수 있습니다. 우리 삶 속에서 하나님의 형상을 드러내려는 갈망은 하나님의 영광을 위한 것이고, 은혜로운 소식 곧 우리가 하나님의 형상대로 지어졌음을 알리려는 갈망은 이 세계의 행복을 위한 것입니다. 그리스도인의 삶은 바로 그러한 갈망들로 형성됩니다.

주

1 나의 책 *Sexual Character: Beyond Technique to Intimacy* (Grand Rapids: Eerdmans, 1993)를 보라.

7 피조물들과 '함께' 다스리라

1970년대, 미국에서 생태학적 위기가 과학자들과 비전문가들에게 뚜렷이 알려지던 시절, 수많은 사람들이 창세기 1:26의 마지막 부분을 잘못 이해한 그리스도인들에게 비난을 퍼붓던 때가 있었습니다. 창세기 1:26의 마지막 부분에서 하나님은 물고기와 새와 다른 모든 피조물을over 다스리는 권한을 인간들에게 주시겠다고 말씀하십니다. 27절에서 하나님은 인간들을 창조하신 다음, 그들에게 복을 내리시며 이렇게 명령하십니다.

> 생육하고 번성하여라. 땅에 충만하여라. 땅을 정복하여라. 바다의 고기와 공중의 새와 땅 위에서 움직이는 모든 생물을 다스려라.…보아라, 내가 온 땅 위에 있는 씨 맺는 모든 식물과 씨 있는 열매를 맺는 모든 나무를 너희에게 주었으니, 너희는 그것들

을 양식으로 삼아라(28-30절, 사역).

이러한 본문들 때문에 그리스도인들이 피조물에게 터무니없는 권한을 행사하여, 생태계 손상에 크게 한몫하게 되었다는 것이 생태학자들의 생각이었습니다.

저는 그리스도인들에게 퍼부어지던 비난을 지금도 생생히 기억하고 있습니다. 제가 신학교에 갓 입학하여 히브리어를 처음 배우던 시절의 일이기 때문입니다. 저는 26절과 28절에서 '~를'over로 번역된 전치사가 히브리 문자 '베트'(Beth, 히브리어 알파벳의 두 번째 문자―역주)임을 알았습니다. 그것은 통상 '~와 함께'with로 번역됩니다. 저는 제 히브리어 교수에게 그 구절들을 "바다의 고기와 공중의 새와 땅 위에서 움직이는 모든 생물과 **함께**with 다스려라"로 해석하는 것이 더 낫지 않겠느냐고 질문했습니다. 그분은 제 제안이 상당히 그럴싸하다고 말했습니다. 그래서 제가 "영어 성경이 '~를'over의 사용을 고수하는 이유가 무엇인지요?" 하고 묻자, 그분은 자신도 그 이유를 모르겠다고 말하면서, 영어 성경에서는 늘 그런 식으로 번역되어 온 것 같다고 추측할 따름이었습니다. 저는 히브리어를 활용하는 능력이 대단히 일천하지만 지금도 그 번역어over를 '~와 함께'with로 바꾸자는 운동을 벌이고 있습니다.

그 구절을, 우리 그리스도인들이 피조물들과 **함께**with 다스려야 한다는 뜻으로 해석할 경우, 그 해석이 어떤 차이를 만들어 낼지 상상해 보십시오. 우리가 그런 뜻으로 해석하기만 한다면, 우리는 창세기 1장의 예전이 암시하는 대로 피조물들과 사이좋게 지내게 될 것입니다. '~를 다스리는 권한'을 '~와 사이좋게 지내는 지도력'으로 번역하면 어떤 일이 일어날까요? 하지만 세계는 파괴되었고, 21세기인 지금, 피조물들에 **대한**over 인류의 파괴적 지배는 괴상망측하기 그지없습니다. 대량생산을 지향하는 농장, 곧 '공장식 농장'에서 가축, 돼지, 닭, 칠면조에게 가하는 학대가 그 점을 여실히 보여 주고 있습니다.

좀더 강한 논증

생태계 황폐화를 막기 위한 논증 가운데, 저처럼 한 전치사over를 문제 삼는 것보다는, 인간이 하나님의 형상과 하나님의 모습대로 지음받았다는 사실을 제시하는 것이 더 나은 논증인 것 같습니다. 태초에 우리가 "[땅을] 정복하고 다스리라"는 근본적인 지시를 받았다면, 우리는 그러한 사명을 수행할 때에, 하나님이 하시는 것처럼 어느 것 하나 파괴하는 일 없이 소중히 여기는 마음, 존중하는 마음, 배려하는 마음을 가지고 수행해야 할 것입니다.[1] 삼위일체 하나님이라면 정복과 지배를 모든 피조물과 땅을 위하는 마음으로 행사하실 것이기 때문입니다.

짐승들과 새들도 "생육하고 번성하라"는 똑같은 지령을 받았으므로, 인간들에게도 그 추가 지령("정복하고 다스리라"는 지령—역주)이 전달된 것은 의미심장한 일인 듯합니다. 이는 인간으로 하여금 제 지능을 활용하여 모든 것을 관리하고, 창조 질서의 조화를 유지하게 하려는 것이라고 할 수 있습니다. 창세기 1:26-29은 있을 수 있는 최선의 생태 교육을 제공하는 것 같습니다. 말하자면 창조주를 대행하되, 정성 들여 조성하신 혼합체(지구—역주)와 천지만물의 협력이 조금도 망가지지 않게 하라는 것입니다.

직접 주신 것으로 받아들이라

우리는 그 지령이 사람들에게 내려질 때, 본문에 의미심장한 표현이 추가되고 있음에 주목해야 합니다. 그것은 다름 아닌 '그들에게'라는 표현입니다. 하나님은 자기 형상대로 지음

받은 남녀들과 맺은 개인적인 친분 관계 속에서 그들에게 (22절에서 피조물들에게 하신 것처럼) 복을 내리시고, 그들과 직접 이야기를 나누셨습니다. 삼위일체 하나님은 물속에서 움직이는 것들, 공중을 나는 것들, 땅 위에서 살아가는 것들을 보살필 책임을 인류에게 지우시고, (다음 장에서도 살펴보겠지만) 식량 공급을 적절히 관리하는 책임도 지우셨습니다.

이 책임들은 두 번째 창조 기사에서 강화됩니다. 두 번째 창조 기사는 창세기 2:4에서부터 시작되는데, 그 장의 나머지 부분 내내 하나님이라는 명칭에 주라는 호칭, 곧 언약을 맺을 때 쓰는 호칭을 덧붙입니다. 이 시점에서는 남자와 여자의 독특한 창조를 살피지 않고, 정원(동산) 이야기의 **수미쌍관법** inclusio 에만 초점을 맞추려 합니다. 그 이야기는 "땅을 갈 사람이 아직 없었다"(2:5중, NRSV, 사역)는 표현으로 시작하여, "주 하나님이 사람을 데려다가 에덴 정원(동산)에 두시고, 그것을 경작하고 관리하게 하셨다"(2:15, NRSV, 사역)라는 표현으로 끝을 맺습니다.

그리스도인들이 어떻게 그 대목을 빠뜨리고 못 보겠는가 하겠지만, 어떤 그리스도인들은 과거에 그랬듯이 지금도 여전히 그 대목을 놓치고 있습니다. 하나님의 사람들로서 우리가 가장 먼저 받은 지시는 정원을 돌보고 동물들을 보살피는 것이었습니다. 우리는 태초부터 환경 지킴이였습니다.

농업 환경

성경을 읽을 때는 그 다양한 기록들의 배경을 기억해 두는 편이 좋습니다. 성경 서두의 경우에는 농업이 그 배경입니다. 창세기 2장에 나오는 설명은 히브리 구문을 활용할 때 뜻이 더욱 분명해집니다. 원어 '아담'adam은 땅을 의미하는 원어 '아다마'adamah에 매여 있습니다. 제 남편을 보면 그 점을 가장 잘 이해할 수 있습니다.

그는 스무 해 동안 같은 땅에서 살아 온 경력을 넘어 아예 그 땅과 절친한 상태가 되었습니다. 그는 우리 소유지의 한계를 잘 알 뿐만 아니라, 어떻게 하면 그것을 화려하게 꾸밀 수 있는지도 잘 알고 있습니다. 그는 퇴비가 더 필요한 곳을 단번에 알아보고, 수분이 더 빨리 마르는 곳도 알고 있습니다. 그는 각 구역의 특성을 속속들이 파악한 상태에서 작업을 합니다. 이를테면 햇빛을 얼마나 받는지, 어디에서 물을 주어야 좀더 쉽게 줄 수 있는지, 지난해에는 무엇이 자라고 있었는지를 속속들이 알고 있는 것입니다. 그는 어느 구역도 혹사시키지 않습니다. 그는 구역들을 번갈아 가면서 놀립니다.

그러나 우리 사회 대다수의 사람들은 땅과 그다지 친하지 않습니다. 그들은 사무실이나 비행기에서 시간을 보낼 뿐, 얼마나 많은 농업인과 정원사 들이 동물들이나 흙과 협력하는지를 알려고 하지 않습니다. 그런 까닭에, 성경에서 말하는 '다스림'dominion의 의미를 제대로 이해하지 못합니다. 그들은 땅과 피조물들이 요구하는 인내를 이해하지 못할 뿐 아니라, 온갖 동식물의 특성에 관련된 정보를 얻는 데에는 여러 해가 걸린다는 사실도 깨닫지 못합니다. 곡물을 재배하고 동물을 기르는 진정한 경작자들만이 자신이 재배하거나 기르는 것들을 아끼고 모두의 행복을 바랍니다.

저는 마이런에게서 모두의 행복을 바라는 마음을 자주 목격합니다. 그는 식물들이 씨앗으로 변한 뒤에도 그것들을 오랫동안 정원에 내버려두어 새들이 먹을 수 있게 합니다. 그는 바깥을 산책하다가 가만히 서서 식물들을 사랑스럽게 응시하기도 하고, 그 땅의 각 구역을 위해 무슨 일을 해야 하는지, 왜 그래야 하는지, 언제 할 것인지 등의 계획을 세우면서 지내기도 합니다. 마이런은 땅에서 배운 교훈들을 자신이 만나는 사람들에게 사용합니다. 그는 강렬한 관심, 끈기 있는 온화함, 세심한 배려로 모든 이를 대합니다.

제 남편은 저에게 다음과 같은 사실도 일러 주었습니다. 말하자면 하나님이 인간들을 부르시어 가장 먼저 맡기신 소임은 정원사의 소임인데, 이는 영적 소명이기도 하다는 것입니다.

하나님이 하시는 것처럼 가꾸기 위해 에덴을 조심조심 일구고 관리하는 것과 마찬가지로, 우리는 하나님의 형상으로서 우리의 영성과 도덕성을 형성하는 소임도 완수하지 않으면 안 됩니다. 생태계를 의식하고 생태학적인 활동을 실습하다 보면, 우리의 영적 성품을 형성하는 데 도움이 되는 훈련도 우리 안에 자리잡게 될 것입니다.

우리가 생태학적 인식과 형성을 위해 음미해 볼 만한 또 다른 성경 구절로는 시편 148편, 욥기 38-39장, 욥기 40:15-41:34, 마태복음 6:10하반절, 누가복음 12:27-28이 있습니다. 또한 우리는 자연의 아름다운 경치에 푹 잠겨, 자연이 겪고 있는 생태학적 문제들에 몰두하며 시간을 보낼 수도 있습니다. 이를테면 파괴되고 조화가 깨져 버린 지역들을 조사하고, 생태계 파괴를 다룬 문헌들과 우리가 할 수 있는 일을 다룬 문헌들을 읽으면서 시간을 보내는 것입니다.

두 가지 결정적인 기록

당혹스러운 일이지만, 우리는 에덴 정원, 곧 낙원에 관한 묘사를 읽으면서, 그 정원이 오늘날 이라크로 알려진 지역 어딘가에 자리하고 있었다는 사실을 알게 됩니다. 실로 우리는 저 황폐화된 땅과 그 땅의 사람들을 회복시키기 위해 가능한 모든 일을 하지 않으면 안 됩니다. 전쟁은 생태계 파괴의 가장 큰 원인 가운데 하나이며, 피조물과 흙의 조화를 깨뜨리는 엄청난 폭력 가운데 하나입니다. 또한 화합을 위해 어떤 식으로 이바지하든 간에 우리는 동물들과 그들의 서식지를 보호하기 위해서도 재능을 발휘해야 합니다.

창세기 2:10-14은 에덴을 발원지로 하는 강에서 갈라져 흐르는 네 강의 이름을 조심스럽게 열거하고 있습니다. 감사하게도, 생명수가 흐르는 그 강은 하나님의 궁극적 낙원인 새 예루살렘 장면의 일부이기도 합니다(계 22:1-2). 하나님이 궁극적으로 자기 왕국을 다스리실 때, 물과 나무들이 모든 민족을 치료하는 일에 이바지하게 될 것입니다.

그러나 지구는 현재 총체적 물의 위기에 직면해 있습니다. 그 위기의 규모는 소름 끼칠 정도로 거대합니다. 세계의 점점 더 많은 지역이 극심한 가뭄이나 엄청난 홍수를 겪고 있습니다. 태풍과 허리케인이 신기록을 수립하면서 물 재앙을 늘리고 있습니다. 우리가 이러한 물 부족 사태와 범람을 목격하거나 그에 관련된 기사들을 읽게 되면, 그러한 재해들로 고통을 겪는 이들에게 우물을 파 주고, 하수도를 설치해 주고, 물을 공급하고, 원조를 재개하는 등 지구 지킴이로서의 소임을 계속해서 맡지 않을 수 없을 것입니다.

신약성경에서 배우는 사실이지만, 그리스도께서 우리 안에 거주하시고 성령께서 우리에게 능력을 주시는 것은 우리를 다듬으셔서 우리가 성부 하나님의 영광을 위해 살게 하시려는 것입니다. 생태계에 신경을 쓰면, 우리는 절망으로 마비되지는 않을 것입니다. 우리가 하나님의 일에 참여하여 피조물과 땅의 조화를 회복하면, 삼위일체 하나님이 우리를 기쁨으로 가득 채우실 것입니다.

주

1 이 주제를 학문적 관점에서 다룬 것을 살펴보려면, Terence E. Fretheim, *God and World in the Old Testament: A Relational Theology of Creation* (Nashville: Abingdon, 2005), p. 50를 보라.

8 정의를 위해
   행동하라

다음 달, 우리 부부가 속해 있는 교회는 다른 교회 공동체들 및 정의를 구현하는 사람들로 이루어진 단체들과 연대하여, 국회의원들에게 서한을 써 보낼 예정입니다. 세계 도처에 충분한 식량 공급이 이루어지게 할 특별법을 통과시키라고 촉구하기 위해서입니다. 이 '서한 제출'은 진정한 정의로 이끄는 활동들에 좀더 많은 사람들을 참여시키는 한 방법입니다.

양당(미국 민주당과 공화당)의 "브레드포더월드"(Bread for the World, 기아 문제를 해결하기 위해 설립된 미국 기독교 시민운동단체—역주)國局이 후원을 했습니다.[1] 이 기독교 단체 "브레드포더월드"는, 예수님이 빵과 물고기를 불리시어 군중을 먹이신 이야기를 서한 요청의 성경적 근거로 활용하고 있습니다. 예수님이 자신이 가진 적은 양의 양식을 내어주시어 수만 명을 먹이신 것처럼, 우리가 우리의 믿음을 행동으로 변화시키면, 우리는 더욱 행동하게 될 것입니다. 하나님이 우리의 행동을 활용하시기 때문입니다.

더욱더 많은 사람들이 정의의 일꾼이 되면, 이 세계에는 커다란 희망이 자리하게 될 것입니다. 세계 정의를 위한 하나님의 설계가 성경의 서두에 자리한 첫 번째 창조 기사에 들어 있음을 아는 것은 유쾌한 일이 아닐 수 없습니다.

정의를 위한 설계-보아라!

삼위일체 하나님은 이 세계에 정의가 자리 잡게 하시려고 인간들에게 이렇게 말씀하십니다.

그런 다음 하나님이 말씀하셨습니다. "보아라Behold. 나는 모든 지표면에서 자라는 씨 맺는 온갖 식물과, 열매 맺는 씨를 가진 온갖 나무를 너희에게 주었다. 그것이 너희의 먹을거리가 될 것이다. 땅의 온갖 짐승과 하늘의 온갖 새와 땅 위에서 살아 움직이는 온갖 생물에게도 내가 온갖 푸성귀를 양식으로 **주었다**." 그리고 그것은 그들의 먹을거리가 되었다. 하나님이 손수 만드신 모든 것을 보시니, "보아라behold, 심히 좋았다"(창 1:29-31상, NASB, 사역).[2]

이 장에서 NASB를 사용한 것은, 이 영어 번역본이 "보라" behold라는 표현을 두 번이나 사용하고 있기 때문입니다. 그 표현은 동사 see나 look이 대신할 수 없는 명령어입니다. 영어 번역본들이 그 명령어를 완전히 무시하는 것은 온당치 못한 일입니다. "보아라!" 이 명령어는 여러분의 셔츠 깃을 부여잡고 외치는 소리가 되게 하려고 쓰인 것입니다. 독자들을 일깨워, 이례적으로 골똘히 주의를 기울이게 하려는 것입니다.

명령어 "보아라!"가 처음 사용되었을 때, 하나님은 인간들에게 식물들을 먹을거리로 주셨을 뿐만 아니라, 더 많은 식물을 만들 기법도 제공하시겠다고 말씀하십니다. 그러므로 인간은 동물들과 인간들에게 충분한 식량을 공급할 책임뿐만 아니라, 미래의 식량이 될 씨앗들을 관리할 책임도 져야 합니다.

명령어 "보아라!"가 두 번째로 사용되었을 때, 우리는 "좋았다"it was good라는 평범한 어구에 무언가가 추가되어 있음을 주목하게 됩니다. 우리는 그 어구에 추가된 것을 다음 장에서 더 숙고하게 될 것입니다. 그러나 그 사이에라도, "심히"very라는 표현이 삽입된 것은 이 땅에서 정의를 구현하는 것이 가능하기 때문은 아닌지 생각해 보도록 하지요.

보아라! 모두를 위한 식량

이 첫 번째 창조 기사에서 하나님이 이기심을 곧장 제거해 버리신 것은 의미심장한 일이 아닐 수 없습니다. 하나님은 인간들에게 식물들과, 그것들을 더 많이 생산할 수 있는 수단들을 주시겠다고 선언하신 다음, 곧바로 모든 동물들과 새들과 기어다니는 것들을 이 선물의 수혜자로 포함시키십니다. 모든 피조물이 충분한 식량을 얻을 수 있게 하신 것입니다.

하나님은 모두가 먹을 수 있도록 푸른 것들을 충분히 창조하셨습니다. (저는 돈을 가리켜 '푸른 것들'이라는 표현을 쓴 것이 아닙니다! 유감스럽지만, 돈이 온통 푸른 빛깔인 미국 바깥의 독자들에게는 이 농담이 통하지 않을지도 모르겠습니다.) 첫 번째 기사의 순서가 암시하고 있듯이, 하나님의 창조물을 두고 "좋았다"라고 한 것은 모든 것이 처음부터 조화를 이루고 있었음을 의미합니다. 동물들과 새들과 기어 다니는 것들이 환경과 조화를 이루고 모두가 먹을 수 있을 만큼 식량이 풍족했던 것은, 인간들이 하나님의 탁월한 보살핌 속에서 사랑을 담아 다스렸기 때문입니다.

후에, 하나님이 히브리 백성을 선택하시어 그들을 계약 관계 속에서 자기 백성으로 삼으실 때, 그 계약에는 안식일 지키기가 들어 있었습니다. 안식일 지키기는 모든 외국인이 자유로

이 참여할 수 있었습니다. 또한 그 계약에는 희년 지키기도 들어 있었습니다. 희년이 되면 사람들이 모든 땅을 원래의 합법적인 임자에게 돌려주어, 부자가 더 부유하게 되는 것을 막고, 가난한 사람이 더 가난하게 되는 것을 막았습니다. 하나님이 천지를 창조하시면서 내리신 명령과 시나이에서 내리신 명령은, 공정한 분배를 지속시켜 모든 이가 먹을거리를 충분히 얻을 수 있게 했습니다.

이 책의 영적인 강조점은 거룩하고 선한 의도를 지니신 하나님을 경배하는 것이니, 논의를 잠시 멈추고, 처음부터 땅을 공평하게 하시고 그 거주자를 공정하게 대해 주신 삼위일체 하나님께 찬미를 바치도록 합시다.

"온화하시고 후히 베푸시는 하나님, 지구상에 있는 우리 모두를 공정하게 대해 주시니 저희가 당신을 찬양합니다. 당신께서 이 세계를 위해 품으신 뜻은 정의가 널리 퍼지는 것입니다. 그리스도시여, 우리 안에 머무르소서. 우리를 통해 활동하시는 당신의 영으로 우리를 개조하시어, 우리가 세계 도처에서 참된 부를 열심히 창출하게 하소서. 그리하여 모든 이가 충분한 식량을 얻고 크게 번성하게 하소서. 우리가 이렇게 구하는 것은 당신의 영광과, 이 불의한 세계에서 무시당하는 이들을 위한 것입니다. 아멘."

균형이 깨어진 분배

지구의 자원을 공평하게 분배하시려는 하나님의 계획을 인간들이 가차없이 일그러뜨린 것은 그들이 타락했기 때문입니다.[3] 영원한 것은 아니지만 인간적으로 희망을 걸어 볼 만한 것이 하나 있기는 한데, 그것은 새천년개발목표Millenium Development Goals[4]가 전 세계 모든 나라의 동의를 바탕으로 2015년까지 '절대 빈곤과 기아 퇴치'를 최우선 과제로 꼽고 있다는 것입니다.

제가 이 글을 쓰고 있는 2008년 현재, 이것은 아직 어림도 없어 보이기는 하지만 진척이 약간 이루어지고 있습니다. 하루 1달러 미만을 가지고 생활하는 사람들의 수가 1981년 지표 측정 이래 처음으로 10억 미만이 된 것입니다. 이것은 주목할 만한 성취라고 할 수 있습니다. 세계 인구가 꾸준히 증가하고 있는데도, 가난한 사람들의 절대 수치가 실제로 감소하고 있기 때문입니다.

그러나 "브레드포더월드"가 발표한 2008년 통계에 따르면, 지구상에서 850만 명이 넘는 사람들이 아직도 먹을거리를 충분히 얻지 못하고 있습니다. 가장 부유한 국가들 가운데 하나인 미국에서조차 열 세대 가운데 한 세대가 현재 굶주림을

겪고 있거나 그럴 위기에 처해 있습니다.[5]

문제는 분배입니다. 하나님이 지금도 여전히 씨 맺는 식물들을 공급해 주고 계시건만, 옥수수를 바이오연료로 변환시키는 것과 같은 복잡한 문제들이 간혹 사람들을 옴짝달싹 못하게 하여, 기아 문제를 해결하지 못하고 있습니다. (어째서 우리는 식량이 아닌 다른 것으로 연료를 만들어 내지 못하는 것일까요?)

그런 까닭에 우리가 저마다 자국의 정부와 접촉하여, 자신의 나라가 새천년개발목표를 이행하기 위해 할 수 있는 일을 하도록 촉구하는 것이 중요합니다. 그 밖에, 여러 구호단체에 기부하여 그 단체들을 통해 식량과 생필품과 농업 개발 인력을 지구상의 가난한 지역에 보낼 수도 있을 것입니다.

최근에 누군가가 여러분에게 실제적인 희생을 요청하면서, 여러분 자신이 먹는 양만큼의 먹을거리를 다른 사람들에게 나누어 주라고 한 적이 있습니까? 하나님이 천지를 창조하시면서 인류에게 내리신 명령을 존중하기 위해, 저는 지금 여러분께 그런 행동을 요청하고 있습니다.

우리 삶은 어떻게 정의를 위해 형성되는가

삼위일체 하나님이 온갖 다른 수단들을 동원하셔서 우리를 일정한 방식으로 빚어 가시는 것을 보면 그저 놀라울 따름입니다. 850만 명이 넘는 사람들이 하루에 1달러도 안 되는 돈으로 생활하고, 수십억 명의 사람들이 먹을거리를 충분히 얻지 못하고 있기에, 삼위일체 하나님은 사람들의 경험담, 성경 본문, 인쇄물, 다중 매체가 제공하는 것들을 통해 전 세계의 막대한 식량 부족과 그것이 모든 이에게 미치는 악영향을 생생하게 알리고 계십니다. 능히 예방할 수 있고 능히 대처할 수 있는 원인들로 인해 개발도상 국가의 아이들이 5초에 한 명꼴로 죽어 가고 있습니다. 그렇게 죽어 가는 아이들 가운데 60퍼센트는 기아와 영양실조로 죽습니다. 제가 고통스러운 것은 '충분히 예방할 수 있는'이라는 표현과 '충분히 대처할 수 있는'이라는 표현 때문입니다. 세계의 부자라고 하는 우리가 어떻게 그 문제와 관련하여 할 일을 하지 않을 수 있습니까?

우리는 기아를 끝장낼 수 있습니다! 130억 달러만 있으면 전 세계 극빈자들의 기본적인 위생 문제와 영양 결핍 문제를 해결할 수 있습니다. 그것은 미국인들과 유럽인들이 한 해 동안 애완동물의 먹이를 구입하기 위해 쓰는 돈보다 적은 액수입니다.

하나님이 태초에 천지를 창조하시면서 품으신 뜻, 곧 모든 이에게 먹을거리를 주시겠다는 그분의 뜻은 그분의 은혜로 실현될 수 있습니다. 이 사실을 알지 못하는 사람들을 일깨우기 위해 하나님은 우리를 들어 쓰실 것입니다. 그렇다고 해도 그것이 우리 인간의 업적은 아닐 것입니다. 따지고 보면, 하나님 나라를 절정에 이르게 하시는 분도 하나님이시고, 비와 햇빛을 내리시어 식물들이 자라게 하시는 분도 하나님이시며, 씨 맺는 식물들을 만드시어 끊임없이 늘어나게 하시는 분도 하나님이시고, 땅과 물을 만드시어 풍요롭게 하시는 분도 하나님이시기 때문입니다. 그렇지만 하나님은 우리를 들어서, 극빈자들의 절망과 기아를 끝마치는 일에 헌신하게 하실 것입니다.

제 인생이 바뀐 것은, 스무 살 때 성가 합창단에 참여하여 세계 여러 나라를 순회 공연하면서부터였습니다. 인도에 갔을 때, 우리는 위생 담당 노동자들이 거리에서 죽은 이들의 시신을 커다란 삽으로 퍼 올려 손수레 안으로 던진 다음, 시의 쓰레기 소각장으로 끌고 가는 것을 목격한 적이 있습니다. 무리 지어 구걸하는 이들, 병원 밖에서 대기하고 있는 빈민들, 구걸 행위로 더 많은 돈을 벌어오라며 부모가 매질해서 내보낸 아이들, 도무지 어찌해 볼 도리가 없는 가난의 냄새들. 제가 절대 빈곤의 이런저런 모습들을 떨쳐 버리지 못하게 된 것은, 한 달

후 우리 몇 사람이 뉴욕 시 공항에서 흠 잡을 데 없이 잘 손질된 푸들을 보고 나서였습니다. 그 녀석은 정교한 보석 목걸이를 목에 걸고 있었습니다. 그 모습을 보는 순간, 저는 굶주린 이들을 위한 활동을 절대로 멈추지 않으리라 스스로 약속했습니다.

신학교에서 처음으로 히브리어를 배우던 시절, 그 의지는 한층 강해졌습니다. 제가 가장 좋아한 본문은 이사야서 58장의 이 부분이었습니다.

> 내가 바라는 금식은
> 위험한 족쇄들을 풀어 주는 것,
> 멍에의 줄을 끌러 주는 것,
> 짓밟힌 사람들을 자유롭게 해주는 것,
> 모든 멍에를 부수어 버리는 것,
> 바로 이런 것이 아니겠느냐?
>
> 너의 빵을 굶주린 사람들과 나누는 것,
> 노숙하며 괴로워하는 이들을 너의 집으로 데려가는 것,
> 벌거벗은 사람을 보면 그 사람을 덮어 가려 주고,
> 너의 골육을 피하여 숨지 않는 것이 아니겠느냐?

그리하면 네 빛이 새벽처럼 쏟아져 나올 것이다(사 58:6-8상, 필자의 사역).

멍에의 줄을 끌러 주고 멍에를 벗겨 주는 것은, 사태의 진상을 파헤치고, 피상적인 문제 설명의 이면을 파고들고, 근본 원인들을 찾아내는 것을 의미했습니다. 우리의 빵을 굶주린 사람들과 나누는 것은 평등한 나눔을 의미했습니다. 우리는 우리의 식료품 경비를 반으로 갈라, 절반은 우리를 위해 쓰고, 나머지 절반은 이 세계의 궁핍한 이들을 위해 쓸 수도 있을 것입니다.

그렇게 함으로써 우리는 먹는 방식을 바꾸고, 이것이 하나님이 원하시는 금식임을 깨닫게 될 것입니다. 이를테면 궁핍한 이들을 늘 염두에 두고, 그들을 우리 생활비의 중심에 두는 것입니다. 다른 이들을 옥죄는 굴레와 억압이 어떤 것이든, 우리는 그러한 멍에들로부터 다른 이들을 해방시켜 줄 수 있습니다!

제가 이사야서 58장에서 던(Dawn, 새벽)이라는 제 필명을 따온 것은 그런 이유에서입니다. 저는 그 이름이 저 자신에게, 안식일 금식의 일환으로 이사야 예언자가 요구한 것을 끊임없이 일깨워 주기를 바라는 마음입니다. 고통당하는 사람들에게서 무거운 짐을 벗겨 주고, 굶주린 사람들과 노숙자들의 요구에 응해 주고, 도움을 필요로 하는 사람들을 외면하지 않는 것 말입니다. 또한 저는 이제부터 제 필명이 여러분에게 이사야서 58장의 이 본문을 생각나게 하고, 이 본문이 여러분과 여러분의 가족, 그리고 여러분의 친구들의 삶에 던지는 의미들까지 일깨워 주기를 바랍니다.

    이 모든 것은 창세기 1장에서부터 시작됩니다. 하나님이 설계하신 우주는 조화로운 우주였습니다. 그 안에서는 누구나 균형 잡힌 식사를 하면서 저마다 다른 방식으로 번성할 수 있었습니다. 그런데 이제, 여러분이 식량과 옷과 머리를 가려 줄 지붕만 가지고 있어도 전 세계 인구의 75퍼센트보다 더 잘 사는 것이라면, 지구는 얼마나 불균형한 상태가 되고 만 것인지요?

주

1 "브레드포더월드"에 관하여 좀더 자세한 정보를 얻으려면, 웹사이트 www.bread.org를 찾아가거나 1-800-82-BREAD로 전화하기 바란다.
2 진한 글씨는 히브리 원어 성경에 특별한 언급 없이 그리 되어 있기에 NASB에서 강조한 것이다.
3 이 문제는 14-16장에서 숙고하게 될 것이다.
4 유엔의 주도 하에 2000년 9월 전 세계 191개 회원국이 모여 발표한 선언—역주.
5 이 통계치는 미국의 모기지 대출 위기와 은행 파산으로 인해 심각한 경기침체가 닥치기 전에 수집된 것이다. 그런 만큼 심각한 경기침체가 밀어닥친 당시에는 훨씬 높은 비율의 가정이 식량 위기와 연료 위기의 영향을 받았을 것이다.

9   하나님의 방식으로
   생명체를 관리하라

"좋다"와 "심히 좋다"의 차이는 무엇일까요? 그것은 "전체는 부분의 총합보다 낫다"는 말과 같은 것이 아닐까 싶습니다.

영화 "라따뚜이"Ratatouille의 처음 몇 장면 가운데 하나가 그 점을 여실히 증명해 보입니다. 요리사의 자질과 열정을 지닌 쥐 한 마리가, 장차 쥐들을 싹 쓸어 버리려고 시도하는 한 여자의 주방에서 약간의 치즈(으음, 좋아)와 약간의 딸기(으음, 좋아)를 발견합니다. 그가 그 두 맛을 한데 섞자 불꽃놀이가 시작되면서, 그는 새로운 수준의 삶으로 옮겨갑니다. 한데 섞인 그 두 가지는 각기 따로 맛을 낼 때보다 더 풍부한 맛을 냅니다.

이것이 창세기 1:25에 나오는 "좋았다"와 창세기 1:31중반절에 나오는 "정말, 심히 좋았다"의 차이를 뜻하는 것이라면, 그것은 하나님이 창조 과정에 조치를 취하시어 지구를 적절히 채우신 일 그 이상이 될 것입니다. 지구를 적절히 채우신 것으로 그치고 만다면, "심히"very라는 단어는 마지막 부분인 "저녁이 되고 아침이 되니 엿샛날이 지났다"라는 구절이 추가되는 순간 시리즈가 완결됨을 의미할 수밖에 없을 것입니다.

그러나 그 본문의 구조는 창조가 마무리되지 않았다고 분명히 말하고 있습니다. 우리는 인간의 창조로 하나님의 과정과 계획이 절정에 달했다고는 보지 않습니다. 그 이유는 이 첫 번째 기사에서 주요 명사들이 7의 배수로 나타나는데, 그것들 가운데 일부가 아직 7의 배수로 나타나지 않았기 때문입니다.

이 첫 번째 기사에 따르면, 인간은 창조 시리즈의 정점이 아닙니다. 하나님은 다른 의도를 가지고 "좋았다"라는 후렴구를 "정말, 심히 좋았다"로 바꾸신 것임이 틀림없습니다.

등급을 의미하지 않고 중차대함을 의미한다

다른 구절들도 우리가 "very"로 번역하는 단어를 사용하고 있는데, 그 구절들을 살펴보면 31절 중반절을 어떻게 이해해야 하는지 좀더 분명히 알 수 있을 것입니다. 히브리어 사전은 그 단어를 "더없이, 대단히, 몹시"exceedingly로 번역하는 게

더 나을 것이라고 제안합니다. 우리는 다른 두 본문을 살펴봄으로써 같은 의미를 얻을 수 있습니다.

첫 번째 본문은 창세기 4:5하반절입니다. 옛 킹제임스 성경King James Version은 그 본문을 '가인은 "몹시 격노했다"very wroth로 번역합니다. 하지만 그 본문은 오늘날 예외 없이 가인은 "몹시 화가 났다"very angry로 번역됩니다. 한때 저는 가인 이야기를 오랫동안 붙잡고 씨름했습니다. 하나님이 가인의 제물을 받지 않으신 것이 너무 부당하게 여겨졌기 때문입니다. 뜻이 통할 때까지 여러 차례 연속해서 꼼꼼히 읽고 나서야, 가인이 진정한 예배의 정신을 품고 제물을 바친 것이 아님을 알 수 있었습니다. 아벨이 "자기 양떼의 맏배들 가운데에서 고르고 골라, 그 지방 부위들을 바쳤던"(4절) 반면, 가인은 그저 "땅의 소산을 예물로" 바쳤던 것입니다(3절).

하나님이 그의 예물을 "달가워하지 않으시어" 가인이 "몹시 화난" 상태가 되자,[1] 하나님은 6-7절에서 그와 이야기하시며 그에게 예배의 정신을 품으라고 호소하십니다. 주님은 가인에게, 죄가 "문에 숨어" 있으니 그것을 다스리라고 훈계하십니다. 하지만 가인은 자신의 분노와 악의를 악화시키고 부풀려, 자기 동생을 죽이는 지경에까지 이르고 맙니다. 그의 처음 분노가 심했고, 그의 교만이 그 분노를 과도하게 키운 것입니다.

그래서 비극이 닥친 것입니다.

시편 46:1하반절에 나오는 "very"의 긍정적인 예도 살펴보겠습니다. 많은 번역본들이 그 절의 둘째 줄을 "환난 중에 만날, 바로 곁에 계신 도움"a very present help in trouble이라고 번역합니다. 그러나 NEB는 "환난 중에 만날 시의적절한 도움"a timely help in trouble이라 번역하여, 그 부분을 다시 한 번 들여다보게 합니다. 그러한 변화는 우리에게 이런 물음을 던지게 만듭니다. 시의적절한 방식이 아니라면, 하나님이 어떻게 "바로 곁에 계신다"는 거지? 우리는 주님이 물리적으로 가까이 계실 것이라고 생각할 수도 있고, 만져 볼 수 있는 상태로 계실 것이라고 생각할 수도 있고, 능력으로 계실 것이라고 생각할 수도 있을 겁니다.

이 경우는 물론이고 가인의 경우에도 "very"라는 단어는 중차대함, 어떤 사안의 중요성이나 대수로움을 가리키는 것 같습니다. 가인 이야기에서는 가인의 호전성이 그의 전 생애—태도와 성품과 행동—를 지배할 만큼 그가 몹시 화난 상태임을 가리키기 위해 "very"가 쓰인 것이고, 시편 46:1하반절에서는 하나님이 자신의 시의적절하고 강력하며 자비로운 도움으로 우리를 감싸실 만큼 서둘러 현존하심을 가리키기 위해 "very"가 쓰인 것입니다.

정말, 더없이 좋았다

그렇다면 창세기 1:31에 나오는 "very"(심히)를 '중차대함'의 의미에서 숙고해 보도록 합시다. 그 앞의 본문(창 1:26-30)에서는 가장 늦게 창조된 존재의 중요성에 대해 어떤 암시를 주고 있습니까?

우리의 눈길을 사로잡는 것이 여럿 있지만, 그 가운데 하나는, 하나님끼리의 대화가 등장하는 곳은 그 주간 전체를 통틀어 인간을 창조하시는 대목뿐이라는 것입니다. 인간 이외의 요소들을 다룬 창조 기사는 그저 하나님이 명령하시니 무언가가 생겨났다는 식으로 시작될 뿐입니다. 이러한 이야기 장치는 무엇을 의도하는 것일까요?

성경이 무언가를 반복할 때면, 그 의도는 거의 언제나 대단히 very! 면밀한 주의를 기울이게 하려는 것입니다. 이 경우, 신성 안에서 이루어진 대화의 일부는 창조 행위 자체로 발전되고(27절), 그 대화의 좀더 많은 부분은 하나님이 인류에게 명령하시는 대목에서 되풀이되고 추가됩니다(28절). 각 구절은 우리가 앞의 여러 상에서 살펴본 대로 깊이 생각해 볼 가치가 있습니다.

하나님의 형상과 관련하여 앞에서 진행한 작업, 하나님의 형상을 지닌 남자와 여자의 동등성, 28-30절이 지닌 생태학적 의미와 정의의 의미를 이 자리에서 재론할 필요는 없지만, 앞의 여러 장에서 다룬 내용들을 반드시 다시 한 번 상기할 필요가 있습니다. 그렇게 함으로써 지구의 생물들에게 마지막 사항들이 추가된 뒤에 새로운 후렴구가 이어지는 많은 이유들을 알 수 있기 때문입니다. 이것은 포스트모던 문화 속에서 특히나 중요한 것입니다.

인간의 독보적인 가치

하나님을 세계의 창조주로 인정하지 않는 사람들 대다수는 인간의 특별한 중요성을 보지 못합니다. 환경론자들은 특히 인간들이 하나님의 균형 잡힌 생태계를 황폐화시켰다는 이유로 우리 인간의 지위를 이 세계의 다른 존재와 다름없는 상태로 끌어내리려 합니다. 우리를 강등시키면, 우리가 어느 정도 자극을 받아 부지런한 지구 지킴이로 변모하리라는 것입니다! 물론 그들은 인간의 교만을 진압하여, 불법적인 '지배권' 행사를 중단시키고 싶어 합니다.

그러나 우리는 성경적인 성품 형성보다 못한 것을 필요로 하는 것이 아니라 더 나은 것을 필요로 합니다. 하나님이 우리를 창조하시어 우리에게 생태계를 돌보는 능력과 정의로운 관리 능력을 주심으로써 생물들이 "더없이 좋게" 되었다는 성경의 평가에 푹 젖어들 때, 우리는 비로소 하나님의 형상을 지닌 자로서 그리고 정의를 세우는 자로서 우리의 임무를 수행하게 될 것입니다. 또한 우리는 삼위일체가 하시는 것처럼 지구를 보살피도록 자극을 받을 것입니다. 결국에는 이 세계를 창조하시고 구원하신 하나님이 마지막 때에 이 세계를 자신의 설계대로 완성하시어 "회복된 우주", "새 하늘과 새 땅"이 되게 하실 것입니다. 그러는 동안, 그분은 이 세계에 비와 햇빛을 보내시면서 자연의 회복 과정을 감독하실 것입니다. 그분은 과학자들에게 지능과 상상력을 주시어, 땅을 생물로 가득 채우는 적절한 방법과 성장 조건을 좀더 생산적으로 만드는 방법을 개발하게 하실 것입니다. 그분은 자비로운 사람들에게 책임지려는 의지를 주시어, 좀더 공정한 분배를 수행하게 하실 것입니다.

삼위일체의 형상과 모습대로 살면서 환경과 그 거주자들을 양육하고 보호하는 임무 외에, 우리 인간들에게는 이런 영예도 주어집니다. 말하자면 하나님이 "[우리]에게" 말을 거신다는 것입니다(28상). 다른 피조물에게는 그렇게 하신 일이 없습니다. 우리가 그분의 법령을 마음에 새길 수 있는 것은, 삼위일체와의 친밀한 사귐이 하나님이 우리에게 주시는 선물이라는 것을 통해 특별한 영감과 자극을 받기 때문입니다.

게다가 우리는 하나님의 명령에 복종하고, 목숨을 다해 하나님을 예배함으로써 기쁨을 얻습니다. 우리는 하나님이 완성하신 우주 안에서 하나님을 대신하여 하나님의 방식으로 지구의 모든 생명체를 관리하고 다스리지 않으면 안 됩니다.

인간답게 살라는 초대에 기쁜 마음으로 응하기

앞 절의 마지막 문장은, 여섯째 날의 "더없이 좋았다"는 표현을 숙고하기 위해 마치 타락이 전혀 일어나지 않았다는 듯이 쓴 것입니다. 우리가 지금이라도 하나님의 완벽한 창조 계획과, 삼위일체의 통치를 완성하시려는 그분의 순전한 의도에 좀더 충분히 열중하기만 한다면, 우리는 인간답게 살라는 초대에 기쁜 마음으로 응하게 될 것입니다.

우리는 더 많은 시간을 들이거나 추가 부담으로 느낄 필요 없이 우리의 일을 하면서 생태계를 돌보고, 평화를 일구고, 세계 도처의 정의를 위해 힘쓰게 될 것입니다. 우리는 이것이야말로 태초에 우리를 지으신 목적의 일부임을 기억하게 될 것입니다. 우리는 그 일을 기쁜 마음으로 수행하라고 지음받았기 때문입니다.

로버트 파라 케이펀Robert Farrar Capon은 자신의 책 「세 번째 공작새」The Third Peacock에서 하나님이 창조 과정 내내 최고의 호시절을 보내셨다고 말하고 있습니다. 그가 묘사하는 삼위일체의 파티 장면을 들여다보면, 한 위격이 하마나 앨버트로스나 기린을 던져 놓으면서 다른 위격에게 "저기 저 녀석을 어떻게 생각하시오?" 하고 묻습니다. 그러자 다른 두 위격이 "좋아요!" 하고 소리치며 박수갈채를 보냅니다.

삼위일체 하나님이 자신들의 형상과 모습대로 우리를 지으시고 우리에게 사명을 맡기신 다음, "더없이 좋구나!" 하고 일제히 외치면서 느끼셨을 환희를 상상해 보십시오. 하나님이 우리의 존재와 우리의 사명을 보고 기뻐하시는 모습을 상상하는 순간 우리는 이런 노래로 화답하지 않을 수 없을 것입니다. "어서 와서, 예배드립시다. 창조주시여, 우리가 온갖 좋은 것을 보고 당신을 찬미합니다!"

우리가 인간으로서 감당해야 할 우리의 사명을 껴안고, 지구 균형 지킴이와 세계 정의 건설자로서 감당할 역할을 속속들이 기뻐한다면, 능히 세계를 변화시킬 수 있을 것입니다.

내가
읽어야 할
모든 것은
창세기에서
배웠다

주

1 유진 피터슨은 「메시지」에서 그 문장을 이렇게 옮기고 있다. "가인은 화를 내며 실쭉거렸다."

10 안식일을 기려야 다른 날을 온전히 살 수 있다

앞 장에서 밝힌 대로, 인간은 첫 번째 창조 기사의 정점이 아닙니다. 비록 그의 등장이 "심히 좋다"라는 환호성을 몰고 오긴 했지만 말입니다. 우리는 일곱째 날에 이르러서야 하나님이 세우신 계획의 절정인 안식일과 마주합니다. 유대인들은 안식일을 여왕이라 부르고 노래와 엄숙한 의식과 축제와 특별한 음식으로 그녀를 맞이함으로써 그녀의 탁월함을 기립니다.

안식일의 힘과 목적과 시적 요소를 뒷받침하는 것은 예전 禮典의 구조입니다. 이 연구를 막 시작하던 2장에서 제가 잠깐 언급했던 것을 떠올려 보시기 바랍니다. 하나의 예전이라고 할 수 있는 창세기 1:1-2:3에서 **하나님**이라는 이름은 서른다섯 차례나 사용되고 있습니다. 서른다섯은 유대교 문헌에서 완전을 상징하는 숫자 7의 배수입니다. 그 기사 도처에서 하나님이 일하고 계시는 까닭에, 이 예전에는 하나님이 이루신 온갖 업적에 대한 환호가 넘쳐납니다. "하나님이 창조하셨다, 하나님이 보셨다, 하나님이 나누셨다, 하나님이 ~라고 부르셨다, 하나님이 지으셨다, 하나님이 두셨다, 하나님이 복을 베푸셨다, 하나님이 마치셨다." 시인은 이 첫 번째 이야기에서 하나님이 행하신 온갖 업적을 열렬히 기리는 뜻에서 하나님이라는 신의 이름을 완전수인 7의 배수로 언급하고 있는 것입니다.

구성상의 실수도 발견됩니다. 둘째 날 이야기에서 "하나님이 보시니, 좋았다"라는 표현을 사용하지 않은 것입니다. 그러나 앞 장에서 살펴본 대로, "좋았다"라는 표현은 여섯째 날에 두 번이나 사용되고 있습니다. 따라서 우리는 그 표현이 예전 전체에서 일곱 차례 사용되고 있음을 알 수 있습니다.

히브리 원어 성경의 이 예문 전체(창세기 1:1-2:3)에서 두 번째로 많이 쓰인 명사는 '땅'을 의미하는 '하아레츠'aretz인데, 무려 스물한 차례나 등장합니다.[1] 이것은 하나님과 땅의 관계를 기린 것이라고 할 수 있습니다. 그것은 창조를 통해 맺어진 관계일 뿐만 아니라 명령을 통해 맺어진 관계이기도 합니다. 이 7의 배수는, 레위기 25장에서 명령하고 역대하 36:21에서 기념하는 것처럼, 땅도 안식을 누려야 함을 의미하는 것인지도 모릅니다.

낮이라는 단어와 빛이라는 단어도 7의 배수로 등장하는데, 낮이라는 단어는 열네 차례 등장하고, 빛이라는 단어는 일곱 차례 등장합니다. 반면에 어둠이라는 단어와 밤이라는 단어는 네 차례만 등장합니다. 4는 히브리 작가들에게 속된 것, 세속적인 것을 상징하는 숫자입니다. 요한복음도 완전을 상징하는 수로 7의 배수를 열심히 사용합니다. 7이라는 숫자와 그 배수가 창세기 1:1-2:3을 지배하는 이유는 안식일이라는 기막힌 선물을 돋보이게 하려는 것입니다.

일곱째 날

이 책의 앞부분에서 공부한 대로, 첫 번째 창조 기사의 구조적 형태를 완성하려면, 창세기 2장의 처음 세 구절도 창세기 1장에 포함시켜야 합니다. 그 구절들이 있어야 구조상 중요한 몇몇 요소가 완성되기 때문입니다.

우리는 그 구절들에서 **땅**이라는 단어가 스물한 번째 사용되고 있으며, **하나님**이라는 호칭은 서른세 번째, 서른네 번째, 서른다섯 번째 사용되고 있음을 보게 됩니다. 이로써 우리는 첫 번째 창조 기사의 구조가 암시하는 바를 알 수 있습니다. 말하자면 일곱째 날이 하나님이 세우신 계획의 정점이라는 것입니다. 이것을 뒷받침하는 것이 2절의 첫 번째 문장에 나오는 다음과 같은 선언입니다. "하나님이 자기 일을 마치셨다." 히브리 원어 성경에는 그 문장이 일곱 단어로 이루어져 있는데, **일곱을 의미하는 단어가 중앙에 자리하고 있습니다.**

이 창조의 절정을 돋보이게 하시려고 하나님은 그날을 거룩하게 하시고, 그날을 따로 떼어 성별된 날로 삼으셨습니다. 우리는 이것을 다음 절에서 좀더 집중적으로 숙고하게 될 것입니다.

2절 하에 등장하는 선언은 우리가 본받을 만한 예로서, 하나님이 쉬신다는 견해를 소개합니다. 히브리어에서 쉼을 뜻하는 동사는 명사 '샤바트'(Shabbat, 안식·안식일을 의미하는 히브리 단어—역주)의 어근입니다. 그것은 쉼뿐만 아니라 멈춤과 그침도 강조합니다. 히브리어에서 숫자 7은 다른 어근에서 유래하였습니다. 그러나 이 두 단어가 같은 문장에 함께 등장하고 있다는 사실은, 그리스도인들이 일곱째 날을 안식일로 지키는 이들을 존중하게 해줍니다.

초기 그리스도인들은 모두 유대인으로서 일곱째 날을 안식일로 지키다가, 부활 때문에 여덟째 날, 곧 주일主日을 지키기 시작했습니다. 일요일을 특별한 예배일로 강조하게 된 것은,

기독교가 서서히 유대교에서 갈라져 나오기 시작하면서부터였습니다.

성별된 날

창세기 2:3은 하나님이 한 날을 신성하게 하셨다고 담담하게 기술하고 있습니다. "하나님이 일곱째 날을 복되게 하시고 거룩하게 하셨으니, 이는 하나님이 창조하시던 모든 일을 마치시고 그날에 쉬셨기 때문이다." 이 본문은 안식일 준수의 동기가 하나님을 본받는 데에 있음을 암시하고 있습니다.

우리가 이 책에서 창세기 1-3장을 읽는 이유는, 하나님이 그 장들을 통해 우리를 어떻게 훈련시키시는지를 알기 위해서입니다. 그런 까닭에 우리는 첫 번째 창조 기사가 안식일 지키기에 대해 별다른 내용을 알려 주지 않는다는 점을 인정할 수밖에 없습니다. 그 기사는 안식일을 지키는 것이 하나님을 본받는 길이라고 넌지시 말할 뿐입니다. 물론 그것만으로도 충분할 것입니다. 그러나 하나님은 우리에게 출애굽기, 레위기, 신명기의 수많은 본문을 제시하시어, 안식일이 선물인 이유와 진정한 안식일 준수에 관한 세부사항들을 구체적으로 설명해 주셨습니다. 우리는 유대교의 민담, 노래, 전승 들에서도 안식일 준수와 관련된 다양한 관습들을 공부할 수 있습니다.

우리가 우리의 훈련을 위하여 이 본문에서 도출할 수 있는 결론은, 거룩한 날 지키기가 피조물의 본바탕에 새겨져 있다는 것입니다. 하나님처럼 쉬는 것이 모든 생명체의 정수라고 말하는 이유는, 첫 번째 창조 기사 전체가 하나님이 쉬신 일곱째 날에 이르러 절정을 이루기 때문입니다.

예수님은 안식일을 신중하게 지키셨는데, 이는 대단히 의미심장한 일이 아닐 수 없습니다. 그분이 안식일에 치료하신 것을 두고 바리새인들이 분개한 것은 사실이지만, 오늘날 유대교 학자들 상당수가 동의하듯이, 그렇게 한 것은 그 거룩한 날을 제대로 지키는 방법이었습니다. 안식일의 전반적인 취지가 우리에게 쉼을 주고, "[우리가] 해 오던 모든 일"로부터 우리를 일시적으로 구제해 주는 것이라면, 건강을 회복시켜 주는 것과 같은 특별한 선물은 그날의 의도를 제대로 이해한 것이라고 할 수 있습니다.

예수님이 무덤 속에서 보내신 날을 '대大안식일'이라 부른 것으로 보아, 초대교회는 예수님과 일체가 되어 예수님이 준수하신 거룩한 날을 지켰던 것 같습니다. 예수님의 존경할 만한 안식일 준수는 분명 제자들을 효과적으로 납득시켰을 것입니다.

그날(대안식일)에 그들은 무덤으로 가서 그분에게 기름을 발라 드리지 않았습니다. 이는 그들이 그분을 끔찍이 사랑했기 때문입니다. 그러지 않았다면 아마도 무덤으로 찾아가고 말았을 것입니다(눅 23:55-24:1). 후에 안식일 오용 때문에 사도 바울이 비판하기는 했지만(골 2:16-23), 안식일 준수는 여전히 지켜야 할 계명이었습니다.

그 성별된 날은 하나님이 행하신 창조의 절정으로서, 그리스도 안에서 이루어진 삼위일체의 구속 사역을 처음부터 끝까지 지탱해 주었습니다. 그날은 이 시대의 우리에게도 여전히 값진 선물입니다.

21세기를 위한 선물

안식일 지키기는 제 인생을 변화시키기도 했습니다. 사실, 안식일 지키기는 제 유년시절 기독교 관례의 일부는 아니었고, 대학 시절부터 호기심을 갖게 된 것입니다. 안식일 준수는 하나님의 위대한 십계명 가운데 하나였습니다. 하지만 그리스도인들 대다수는 그날을 온전히 지키지 않았습니다. 그 사실이 저를 힘들게 했습니다.

하나님이 거룩하게 하신 그날에 이르러 창세기 1장 예전의 구조가 절정에 달하고 있음을 난생 처음 안 뒤부터, 저는 우리가 거룩한 날을 준수하지 않는 것을 도저히 이해할 수 없었습니다. 안식일이 우주 창조의 정점이었다면, 어째서 그것이 그 중요한 의미를 계속 유지하지 못한 것일까요?

저는 그 물음에 이끌려 안식일의 세부 사항들을 좀더 깊이 연구했습니다.[2] 그런 다음, 거룩한 날 지키기를 난생 처음 실행에 옮기려고 시도해 보았습니다. 저의 삶은 안식일 지키기를 연구할 때보다 그것을 실행에 옮기면서 더 많이 변했습니다. 그런 까닭에 저는 여러분이 이 장의 결과를 바탕으로 삼아 처음 시작하든 지속적으로 실행하든, 매주 생업을 도모하는 엿새와 온전히 안식하는 하루를 창조적으로 조화시키려고 애쓰시기를 바랍니다.

릭 바거Rick Barger는 자신의 책「새롭고 올바른 정신: 소비문화 속에서 진정한 교회 만들기」*A New and Right Spirit: Creating an Authentic Church in a Consumer Culture*에서 우리 문화가 휴일을 얼마나 필요로 하는지를 보여 주기 위해 통찰력 있는 이미지를 제시합니다.[3] 우리 사회의 사람들은 우리를 노예 상태로 전락시키는 치열한 '무한경쟁'rat race에 돌입해 있는 것 같습니다. 바거가 그러한 예속 상태를 가리키기 위해 제시하는 이미지는 우리 삶이 회전목마 같다는 것입니다. 우리는 회전목마에 홀딱 반해 있는 것 같습니다. 우리는 그런 사실을 알고 몹시 싫어하면서도 정작 그곳에서 내리는 방법은 알지 못합니다. 그냥 뛰어내리면 되는데도, 우리는 끊임없이 더 많은 이용권을 구입합니다.

창세기 2:3은 우리에게 회전목마에서 내리는 법을 일러 줍니다. 하나님은 하루를 거룩하게 하시고, 우리로 하여금 그분을 본받아 무한경쟁이라는 회전목마에서 뛰어내려 이레 가운데에서 하루를 쉬게 하셨습니다. 우리가 분주한 삶에서 물러나 일과 염려를 그치는 독립된 하루로 나아가면 나아갈수록, 우리는 점차 안식과 '안녕'shalom을 그 주의 다른 날(평일)들로 가져갈 수 있게 될 것입니다.

위대한 유대교 신학자 아브라함 요수아 헤셸Abraham Joshua Heschel이 가르친 대로, 유대교는 세계의 다른 종교와 다릅니다. 그 이유는 유대교(와 그 뒤에 일어난 기독교)가 공간이 아닌 시간을 먼저 성화시켰기 때문입니다. 하나님이 안식일을 거룩하게 하셨으니, 그날을 지키기만 하면 우리는 그날의 성스러움 속으로 들어갈 수 있습니다.

우리들, 우리의 교회들, 그리고 우리 주위의 사회를 위해 존재하는 안식일은 실로 멋진 선물이 아닐 수 없습니다! 7일 동안의 창조 패턴—우리는 엿새 동안 일하고 하루를 쉬어야 합니다—을 무시할 때, 개인이든 공동체 구성원이든 문화든, 우리는 쇠락의 길을 걸을 수밖에 없습니다. 우리가 근심 걱정에 찌들고, 전투적이고, 화합하지 못하고, 난폭해진 것은 바로 이 때문입니다.

하나님은 친히 계획하신 창조의 완성으로서 안식일이라는 선물을 주셨습니다. 그것을 무시하는 것은 위험을 자초하는 것이나 다름없습니다. 안식일은 완벽한 낙원을 엿볼 수 있는 소중한 기회입니다. 그런 까닭에 우리는 안식일을 기리지 않으면 안 됩니다.

주

1 21 역시 7의 배수다. 이 횟수를 살려서 성공적으로 번역한 영어 성경은 드문 편이다.

2 이 책에서는 안식일을 연구하는 이유를 충분히 다루지 않았다. 독자들은 그 연구의 결과들을 나의 책 *Keeping the Sabbath Wholly: Ceasing, Resting, Embracing, Feasting* (Grand Rapids: Eerdmans, 1989) 「안식」(IVP)과 *The Sense of the Call: A Sabbath Way of Life for Those Who Serve God, the Church, and the World* (Grand Rapids: Eerdmans, 2006)에서 습득할 수 있을 것이다.

3 Rick Barger, *A New and Right Spirit: Creating an Authentic Church in a Consumer Culture* (Herndon, Virginia: The Alban Institute, 2005), p. 62.

3부

관계를 위한 창조

11 관계에 집중하는 두번째 창조 기사

"타임"지 2006년 11월 11일호는 48페이지 가량의 특별 지면을 할애하여 "2006년 최고의 발명품들"을 다룬 뒤, "뉴욕타임스"의 베스트셀러 「만들어진 신」 The God Delusion을 쓴 생물학자 리처드 도킨스Richard Dawkins와 유전학자 프랜시스 콜린스Francis Collins 사이의 열띤 논쟁을 대서특필했습니다. 도킨스는 무신론자이고, 콜린스는 그리스도인입니다. 콜린스는 미국인간게놈연구소 National Human Genom Research Institute의 이사로서 과학자 2,400명을 총지휘하여 인간 유전자 지도를 만든 사람입니다. 그 지도에는 30억 개의 생화학 문자(기호)가 담겨 있습니다.

저는 그 논쟁을 보고 기뻤습니다. 콜린스 박사는 가장 정밀한 과학자로서 과학과 기독교 신앙의 양립 가능성을 가장 힘차게 역설할 수 있는 이였기 때문입니다. "그리스노의 부활과 여타의 기적들을 믿는 것은 자연 법칙에 의지하는 당신의 과학적 방법을 치명적으로 손상시키지 않습니까?"라는 도킨스의 질문에, 콜린스 박사는 아래와 같이 대답했습니다.

> 당신이 자연 밖에 있는 어떤 신을 기꺼이 인정한다면, 드문 경우이기는 하지만 신이 기적 같은 방식으로 자연계에 침투하려고 마음먹으시는 것은 전혀 모순이 아닐 것입니다. 신이 자연 법칙을 만든 분이시라면, 특별히 중요한 경우에 그것을 어기실 수도 있지 않겠습니까? 그리고 당신이 나처럼 그리스도도 신적인 분이시라는 생각을 받아들인다면, 그분의 부활 자체는 논리적으로 엄청난 비약이 아닐 것입니다.[1]

그 논쟁에서 콜린스 박사는 부활을 믿는 자신의 복음주의적 신앙을 단언하면서 다음과 같은 점도 분명히 밝혔습니다. 말하자면 도킨스 박사는 헤아릴 수 없이 많은 수의 다중 우주 가운데에서 하나 또는 그 이상의 우주가 우연히 여섯 개의 상수를 발전시켜 우리 지구를 살기에 알맞은 곳으로 만들었다는 견해를 제시하지만, 그러한 견해보다는 하나님을 세계의 창조주로 믿는 것이 훨씬 설득력 있다는 것입니다. 우리처럼 창조주 하나님을 경외하는 이들은, 중력과 같은 여섯 개의 상수들이 대단히 정교하게 조정되어 있기에, 그 상수들이 우연히 또는 임의로 생겨날 수 없었을 것이라고 생각합니다.

콜린스 박사는 그 논쟁에서 신앙은 이성의 적이 아니며 과학적 지식의 발전과 전혀 모순되지 않는다고 줄기차게 역설했습니다. 이 책에서 창조 기사들을 연구하여 우리의 훈련에 도움이 되는 가르침을 건져 올리려는 것도 그런 이유에서입니다. 우리는 창조 기사들을 과학 교과서로 활용해서는 안 됩니다. 과학은 창조와 관련하여 결정적인 사실을 우리에게 알려 줄 수 있는 입장이 아니기 때문입니다. 어느 누구도 실험을 수행하기 위해 그 자리(창조가 이루어지던 태초에-역주)에 있어 본 적이 없습니다. 과학자들은 그저 이론들을 가정할 수 있을 뿐입니다.

두 번째 창조 기사

사람들이 "나는 하나님의 세계 창조를 믿지 못하겠어요. 성경에 등장하는 두 창조 기사가 서로 모순되기 때문입니다"라고 말하면, 놀랍게도 상당수의 그리스도인들이 꿀 먹은 벙어리가 되고 맙니다. 심지어 어떤 신자들은 남녀 창조를 다룬 특정 구절들(창 2:7; 창 2:21-25) 외에는 창세기 2장을 주의 깊게 읽어 본

적도 없는 것 같습니다. 그 본문을 곰곰이 숙고해 보면 혼란스러워 보이는 대목들을 해명해 줄 수 있는데도 말입니다.

새 창조 기사는 창세기 2:4상반절의 총괄 진술(창 1:1에 등장하는 개요와 어느 정도 유사합니다)과, 창세기 2:4하반절의 "주 하나님"(LORD God, 히브리 원어 성경에서는 '야웨 엘로힘' YHWH Elohim)이라는 새로운 표현으로 시작됩니다. 창세기 2:4하반절은 YHWH(야웨)라는 계약신의 명칭을 사용하고 있는데, 이는 "I AM"(나는 존재한다)이나 마지막 세 대문자의 크기를 줄인 "the LORD"(주)로 번역됩니다. 프랑스어에서는 이 단어를 통상 "L'Eternel"(영원하신 분)로 번역합니다.

히브리 사람들은 하나님이 불타는 떨기나무에서 모세에게 직접 계시해 주신 그 이름을 한 번도 입에 올리지 않았습니다. 그 거룩한 이름을 더럽히고 싶지 않았기 때문입니다. 학자들이 정확히 알아냈을 수도 있지만, 현재는 그것의 정확한 발음법을 아는 이가 없습니다. 저는 발음할 수 없는 네 글자, 즉 ('테트라그라마톤' the tetragrammaton, 聖四字라 불리는) YHWH를 그대로 씀으로써 유대인의 그러한 관습에 경의를 표하고 그 관습을 발전시켜 무한히 거룩하신 하나님을 높여 드리려 합니다. 그 단어를 마주할 때마다 잠시 멈추어 하나님의 신실하신 계약을 기릴 생각입니다.

두 번째 창조 기사는 서두에 YHWH라는 신명神名을 사용하여 자신의 목적이 첫 번째 창조 기사와 다름을 알립니다. 첫 번째 창조 기사는 7의 배수를 사용하여 끝부분에서 최고조에 달합니다. 하나님이 안식일을 창조하시면서 비로소 그 수가 다 채워지는 것입니다. 첫 번째 창조 기사의 구조는 순서와 조화의 구조, 찬양의 예전이라고 할 수 있습니다.

반면에 두 번째 창조 이야기는 서두에서 절정을 이루고, 그에 걸맞게 끝에서도 절정을 이룹니다. 그것의 초점은 첫 번째 창조 기사와 다릅니다. 두 번째 창조 기사는 관계라는 개념, 곧 하나님과의 관계, 다른 이와의 관계, 온 땅과의 관계를 바탕에 깔고 있습니다. 그러면서도 그 점을 강조하기 위해 간혹 엉뚱한 방향으로 나아가기도 합니다.

두 번째 창조 기사에서는 하나님이 인간을 창조하신 다음에 식물을 심으신 것으로 되어 있습니다. 이는 두 번째 창조 기사가 땅의 경작자인 인간들에게 초점을 맞추고 있기 때문입니다(2:5중을 보십시오). 그 땅은 인간들이 거주하기에 더없이 아름다운 정원이 될 수밖에 없었습니다. 그 땅에서 발원한 강들이 그 땅을 적셔 주었기 때문입니다.

에덴의 네 강

네 개의 강은 에덴에서 발원한 강의 네 지류를 가리키지만, 그것들을 다루는 단락, 곧 창세기 2:10-14은 여러 가지로 해석되었습니다. 그 단락은 관계들이 이루어지는 특별한 지역을 언급하려고 배치된 것 같습니다. 하지만 그 지역의 크기가 어느 정도인지는 의문으로 남아 있습니다.

어떤 학자들은 강들이 딸린 그 지역이 창세기 기록 당시에 사람이 거주하고 있던 세계 전체를 아울렀을 것이라고 추측합니다. 그것이 사실이라면, 첫째 강 비손은 페르시아 만灣이나, 인도의 서쪽 파키스탄으로 흘러드는 인더스 강이나, 인도의 동쪽으로 흘러드는 갠지스 강처럼 널따란 수역이었을 것입니다. '모래'를 의미하는 하윌라 지역은 이라크 동부의 건조 지역 전체였을 것입니다.

비손 강에 대한 묘사에는 하윌라에서 나는 금과 브델리움(감미로운 향료나 향기로운 수지)과 마노 보석에 대한 언급도 들어 있습니다. 하윌라 지역은 다양한 분야의 학자들이 아시리아나 바빌론이나 아라비아에 있었을 것이라고 추정하는 곳입니다. 브델리움은 인도에서도 생산됩니다. 이 세 보물은 비손 강의 위치를 알아내는 데에 별 도움이 되지 않습니다.

우리가 모르는 다른 강, 곧 기혼 강도 비슷한 추측을 불러일으켰는데, 이는 그 강이 돌아 흐르는 지역의 명칭이 구스Cush였기 때문입니다. 어떤 학자들은 그 강이 나일 강을 의미할 것이라고 넌지시 말합니다. 이는 아프리카의 일부를 그 정원 지역에 추가하는 셈이 될 것입니다. 그렇다면 네 강의 명칭은 세계를 암시하기 위해 쓰였을 것입니다. 다른 학자들은 그 지역이 아라비아의 구스이며, 그래서 다음 절을 제시하게 된 것이라고 말하기도 합니다.

좀더 설득력 있게 주장하는 학자들도 있습니다. 그들은 저 신기한 두 강이 규모가 훨씬 작은 강으로서, 티그리스 강과 유프라테스 강이 나란히 흐르는 지역에 있었을 것이라고 말합니다. 그렇다면 저 네 개의 강은 오늘날 이라크로 알려진 땅의 작은 지역을 가리킬 것입니다. 그런데 이라크는 최근 몇 년 동안의 폭격으로 정원이라고 할 수 없을 정도로 망가졌습니다.

우리는 그 강들이 무엇을 상징하는지를 정확히 말할 수 없습니다. 그런데도 그 강들이 성경을 읽는 우리에게 소중하다고 할 수 있을까요? 저는 그렇다고 생각합니다. 그 강들은 인간들이 배치되었던 세계의 크기를 서술하거나, 생명이 최초로 번성했던 특정 지역을 묘사하는 것으로 보입니다. 이로써 우리는, 하나님이 충분한 물(이것 때문에 오늘날 저 강들을 끼고 싸움이 벌어지고 있습니다)

과 풍부한 광물 및 향료, 그리고 관계들이 이루어지는 지역을 주셨음을 짐작할 수 있습니다.

물과 부에 관한 훈련

저 네 개의 강은 하나님이 에덴 정원에 충분한 양의 물을 공급해 주셨음을 강조하여 보여 주는 것입니다. 우리는 그 점을 가벼이 받아들여서는 안 됩니다. 세계 도처, 특히 호주와 아프리카 지역, 가뭄으로 괴로움을 겪는 미국의 수많은 지방들에서 농업과 인간의 욕구를 충족시켜 줄 수 있을 만큼 충분한 양의 물을 찾아내기 위해 크게 고심하고 있기 때문입니다. 대부분의 학자들이 인정하는 것처럼 미래의 전쟁은 물 위기에서 비롯될 것입니다. 지구 온난화로 인한 기후 변화에서 볼 수 있듯이, 세계의 물 공급량이 인구 증가와 공장 증설 때문에 갈수록 줄고 있기 때문입니다.

우리는 하나님이 공급하시는 이 원소(물)를 생태계 보호를 다룬 장(7장)과 정의를 다룬 장(8장)에 추가해도 될 것입니다. 생태계 보호와 정의야말로 오늘날 우리가 물과 관련하여 시급히 제기해야 할 쟁점이기 때문입니다. 본문(창 2:10-14)이 인정하는 것처럼, 물은 하나님이 은혜로이 내리신 선물입니다. 우리는 온 땅을 위해 물을 잘 관리하는 선한 청지기가 되어야 합니다.

미국 국민은 가뭄으로 인한 관수 제한 규정 아래 있을 때를 제외하면 세계의 여러 나라 국민들에 비해 물을 훨씬 많이 낭비하는 것 같습니다. 미국과 여타의 국가들에서 생수bottled water를 지나치게 소비하는 것은 생태계 파괴를 가속화하는 일이 아닐 수 없습니다. 우리는 그 점을 깨닫고, 우리에게 멋진 선물로 주어진 물에 대해 더더욱 고마워하면서, 이런 시각을 다른 이들에게도 나누어 주어야 합니다.

우리는 물에 대해 고마워하는 마음을 키워 가면서, 세계의 빈곤한 지역에 우물을 파 주고, 물 위기를 겪고 있는 지역에 소독 처리된 물을 공급해 주고, 더 나은 수자원 보호 습관을 길러 주는 운동에 참여할 수 있을 것입니다. 따로 물 댈 필요가 없는 작물들을 선택하는 것도 그러한 습관 가운데 하나일 것입니다. 우리는 물의 양을 양심적으로 분배하고 소비하여 물을 낭비하는 일이 없게 해야 할 것입니다.

부富에 관한 논의는 8장에서 힘주어 말한 것이므로 이 자리에서 더 다룰 필요가 없을 것 같습니다. 하지만 본문은 천연자원이 하나님의 선물임을 다시 한 번 밝히고자 합니다. 하나님은 인류의 번성을 위해 천연자원을 에덴 정원 주변에 부존賦存

시키셨습니다. 따라서 우리는 그것을 우리의 사적 소유물로 삼거나, 그것 때문에 전쟁을 일으켜 남의 것을 빼앗거나, 남을 억눌러 그것을 빼앗아서는 안 됩니다.

하나님이 선물로 주신 물과 기타 자원들을 힘닿는 만큼 성실히 나누도록 합시다. 그렇게 하는 데 더 많은 힘이 필요하거든, 모두의 행복을 위해 합리적으로 배분하려고 애쓰는 운동 단체들에 참여하도록 합시다. 창세기 2장의 이 본문(창 2:10-14)을 통해 우리는 깊이를 헤아릴 수 없을 만큼 베푸시는 하나님의 은혜를 깨달음으로써 믿음직한 청지기의 직무를 향해 첫걸음을 내딛게 될 것입니다.

여러 관계를 위한 훈련

이 두 번째 창조 이야기의 독특한 점은, 하나님이 온갖 식물들과 짐승들을 창조하시어 인간들의 중요한 지위에 복종하게 하시고, 그것들을 보조수단으로 삼으시어 인간들에게 명령을 내리셨다는 것입니다. 하나님이 식물들을 지으신 것은, 인간들에게 땅을 주시어 그들이 자리 잡고 경작하면서 돌보게 하시고, 인간이 순종하는지를 시험하시기 위함이었습니다(9절 이하와 16-17절).

짐승들과 새들은 인간의 동반자가 되도록 창조되었지만 완전히 그렇게 되는 데에는 실패하는데, 이는 창세기 2장의 심오한 주제를 위한 배경이 됩니다. 그 주제는 다름 아닌 남자와 여자의 창조입니다. 이것은 하나님이 창세기 1장에서 남자와 여자를 자신의 형상대로 지으신 것과는 관점이 전혀 다릅니다. 우리는 다음 장에서 그 탁월한 주제를 다루게 될 것입니다.

이 자리에서 강조하고자 하는 바는 다음과 같습니다. 창세기 2장에서는 모든 것이 등장 순서에 관계없이 인간의 자리를 마련하는 일에 집중되고 있다는 것입니다. 첫 번째 창조 기사는 하나님의 온전한 안식에서 드러나듯이 세계가 인류의 보살핌을 받아 더할 나위 없이 가지런하게 정돈되는 데에서 절정을 이룹니다. 반면에 두 번째 창조 이야기는 인간들과 그들이 받은 명령들, 그들과 하나님의 관계, 그들 사이의 관계에 집중합니다.

두 번째 창조 이야기는 그러한 관계들이 발전하려면 안정이 필요함을 암시하는 것 같습니다. 그렇다면 우리는 그 가르침을 받아 그때와 비슷한 안정을 구축함으로써 우리의 우호 관계를 돈독히 할 수 있을 것입니다. 더 중요한 사실은 두 번째 창조 이야기에 등장하는 특별 명령들이 하나님과의 진밀한 사권과 우리 사이의 친밀한 사귐을 유지하는 법을 알려 준다는 것입니다. 그 명령들은 처음 주어진 때는 물론이고 오늘날에도 여전히 의미가 있습니다. 사실, 우리를 에워싸고 있는 이 세계는 그리스도인들이 그 명령들을 지키는 모습을 간절히 보고 싶어 하기 때문입니다.

주

1 David Van Biema, "God vs. Science", *Time*, November 11, 2006, p. 54.

12 여자는 남자의 동등한 짝

이런 농담을 들어 보신 적이 있는지 모르겠습니다. 한 소년이 재의 수요일에 담임목사의 설교를 들었습니다.

"여러분은 흙먼지이니, 흙으로 돌아가리라는 것을 잊지 마십시오."

며칠 후, 그 소년은 잃어버린 공을 침대 밑에서 찾다가 자기 어머니에게 가서 이렇게 말했습니다. "엄마, 수요일 밤에 목사님이 '흙먼지에서 왔으니 흙으로 돌아가리라'고 말씀하셨잖아요? 그런데 내 침대 밑에 누군가가 왔다갔다 하느라 정신이 없는 것 같아요!"(잃어버린 공을 찾느라 먼지가 자욱한 상황을 말함—역주)

그런 식의 오고 감은 대단히 쓸쓸해 보이지 않나요? 반면에 성경에 나오는 인간 창조는 상냥한 계약신 YHWH(야웨) 하나님의 다정다감한 행위로 보입니다. 하나님은 (당시에는) 완전한 사람을 만드시고 나서 분명 굉장히 기뻐하셨습니다. NRSV의 각주는 이렇게 말하고 있습니다. "주님이 땅(히브리어로 '아다마', *adamah*)의 흙으로 그 사람(히브리어로 '하아담', *ha-adam*)을 지으셨다."

이분이 나중에 한 백성과 계약 관계를 맺으신 그 하나님이시라면, 저는 그 하나님이 흙덩어리를 거칠게 다루시거나 덩어리째 내리치면서 사람을 만드셨을 것이라고는 생각하지 않습니다. 그러기는커녕 도예가가 섬세한 그릇을 만들듯이, 꼼꼼하고 즐겁고 부드럽게 반죽해서 만드셨을 거라고 생각합니다. 첫 번째 창조 기사에서 사용된 '창조하다'나 '만들다' 같은 동사들이 두 번째 창조 이야기에서는 사용되지 않습니다. 이것은 하나님이 말씀으로 무언가를 생겨나게 하시는 것 그 이상의 일을 하고 계심을 보여 주는 분명한 사례입니다. 그것은 하나님이 우리들 각자를 마음속에 그리시고 독특하게 조각하셨음을 암시합니다.

생명 있는 존재들

본문은 주 하나님이 "그의 두 콧구멍에 생명의 숨을 불어넣으시니, 그 사람이 생명 있는 존재living being가 되었다"(창 2:7, 사역)

고 강조하고 있습니다. 저는 NRSV가 이 문장의 끝에서 두 번째 단어를 '영혼'soul으로 번역하지 않고 '존재'being로 번역해 주어 무척 기쁩니다. 저는 어릴 적에 누군가에게서 다음과 같이 잘못된 정보를 주입받았습니다. 이를테면 나의 육신이 땅속에 묻힐 때, 나의 영혼은 하늘로 증발할 만큼 작다는 것이지요. 그것은 영혼이라는 단어를 크게 축소시키는 말입니다.

우리는 생명 있는 존재가 되었습니다. 우리는 너나없이 육체와 마음과 영으로 이루어져 있습니다. 우리의 단일성이 빛나는 것은 그 때문입니다. 이 세계 어디를 둘러보아도 개개의 존재가 저마다 고유한 존재라는 것은 틀림없는 사실입니다. '나'와 똑같은 사람은 어디에도 없습니다. 일란성 쌍둥이조차도 저마다 독특한 개성, 독특한 영, 독자적인 성질을 가지고 있습니다. 여러분은 비할 데 없는 존재이며, 비할 데 없이 고유한 자신입니다.

존재being라는 단어는 하나님이 자신의 숨 또는 생명의 영을 콧구멍에 불어넣으신 사람에 대해 더 잘 이해할 수 있도록 도와줍니다. 우리는 하나님의 숨으로 속속들이 가득 차 있습니다! 우리가 저마다 하나님의 형상대로 지어진 것은 하나님의 숨 덕분입니다. 물론, 하나님은 헤아릴 수 없을 정도로 우리를 능가하는 분, 무한히 창조적이고 독창적이며 슬기로운 분이십니다. 우리에게 삼위일체 하나님의 형상이 조금만 깃들어 있어도 되는 것은 그 때문입니다. 하나님은 시간과 공간에 관계없이 당신 자신에 대해 말씀하시려는 것을 각 사람을 통해 우리에게 알리십니다.

이 일을 생각하면 그저 감사하고 놀라울 따름입니다. 하나님의 아주 작은 불꽃이 우리를 개성으로 가득 채워 주고 있다고 상상해 보십시오. 그 불꽃이 우리들 각자의 삶에 어떤 기쁨을 주는지 곰곰이 생각해 보십시오. 우리는 특별한 존재가 되기 위해 아무것도 꾸밀 필요가 없습니다. 그저 하나님의 형상을 지닌 자로서 그 형상을 세계에 전하면 되는 것입니다.

하나님의 영광을 찬미하도록 지어졌다

다른 이들에게 전하라는 목적으로 아주 조금이라도 신성이 내 안에 주어졌음을 묵상할 때면, 저는 모든 사람들 안에 불충분하지만 위대하게 자리 잡고 있는 신성을 깊이 생각하곤 합니다. 우리가 만나는 각 사람 안에 삼위일체가 자리하고 계심을 잊지 않는다면, 우리는 다른 이들을 대하는 우리의 태도를 바꾸게 될 것입니다.

우리는 하나님이 태초에 사람을 공들여 만드셨다는 사실에서 우리의 훈련에 도움을 주는 두 가지 지침을 얻을 수 있습니다. 첫째 지침은 하나님이 우리를 지으셔서, 우리가 그분의 열정을 들이쉬고 내쉬게 된 것임을 깊이 생각하라는 것입니다. 그러면 우리의 예배와 경배가 깊이에 깊이를 더하게 될 것입니다. 우리는 시편의 저자와 한마음이 되어 아래와 같이 찬양하게 될 것입니다.

> 당신은 내 속에 있는 것들을 지으시고,
> 내 모태에서 나를 짜 맞추셨습니다.
> 내가 지어진 것이 대견하고 놀라워, 내가 당신을 찬양합니다.
> 당신의 작품들은 놀랍기 그지없으니,
> 내가 그 사실을 너무도 잘 압니다.
>
> (시 139:13-14, 사역)

우리의 훈련에 도움을 주는 또 다른 지침은, 위에서 암시한 대로, 다른 이들을 존중하라는 것입니다. 인종차별, 계급차별, 민족주의, 노인차별과 같은 불화가 없는 세상을 상상해 보십시오. 그런 것들은 개인이나 집단이 우리 각 사람 안에 자리한 하나님의 숨을 존중하지 않기 때문에 생겨나는 것입니다.

어떤 집단의 사람들이 다른 집단의 사람들을 자신들보다 못한 사람들로 판단하지 않았다면 인류 역사에서 얼마나 많은 전쟁을 막을 수 있었을지 생각해 보십시오. 하나님이 공들여 세우신 계획을 상기하면 상기할수록 우리는 다른 이들을 더욱더 사랑하게 될 것이고, 그들도 더욱더 발전하게 될 것입니다.

이 두 가지 훈련 지침을 한데 결합시키면 그 효과를 한층 배가시킬 수 있을 것입니다. 우리가 우리 자신을 더욱 존중하면, 이는 하나님이 조각하신 멋진 형상을 깔보지 않는 것이므로 다른 이들의 위협을 덜 받게 되고, 그들과 경쟁해야 한다는 생각도 하지 않게 될 것입니다. 우리의 특별함이 우리를 자유롭게 해주어 다른 이들 안에 있는 비교할 수 없는 경이로움도 기뻐하게 되는 것입니다.

한 여자를 만드시다

이 두 번째 창조 기사에서, 짐승들과 새들은 사람이 반려자를 얼마나 필요로 하는지를 일깨우기 위해 마련된 문학적 장치로 보입니다. 창세기 1:26에서 그랬듯이, 이 기사에서도 하나님이 말씀하시는 대목은 우리의 기대를 한층 고조시킵니다.

이번에는 하나님이 자신에게 이렇게 말씀하십니다. "사람이 혼자 있거나, 따로 떨어져 홀로 지내는 것이 좋지 않으니." 온통 지혜로 가득 찬 삼위일체이시기 때문에, 하나님은 사람에게 협력자helper, 곧 배우자가 필요하다는 것을 알고 계십니다. 이것은 하나님이 남성과 여성을 아우른다고 간단히 기록한 첫 번째 창조 기사의 확대라고 할 수 있을 것입니다.

이 기사에서 하나님은 앞서 사람을 만드실 때와 마찬가지로 온갖 짐승들과 온갖 새들을 흙으로 정교하게 빚어서 만드십니다. 그런 다음 그 사람에게 그들 모두의 이름을 지을 기회를 주시어, 피조물은 사람의 협력자, 곧 사람의 짝이 될 수 없음을 알게 하십니다. 이제 처음으로 사람adam이라는 명칭 앞에 그(the, 히브리 원어 성경에서는 ha—역주)라는 관사가 붙지 않습니다. 20절 하반절은 이렇게 쓰여 있습니다. "그러나 사람에게는 그의 짝이 될 협력자가 없었다"but for Adam there was not found a helper as his partner.

이 문학적 강조는 성경을 가부장제의 산물로 여기는 사람들에게 이의를 제기합니다. 남성 지배적 성향이 농후한 사회 속에 있었으면서도, 그리고 그러한 문화에 에워싸여 있었으면서도, 창세기 2장은 놀라우리만치 여성을 편듭니다. 앞서 스케치한 배경에서는 물론이고, 아래에서 고찰할 세부 묘사에서도, 하나님이 여자를 공들여 만드시는 대목은 기이하리만치

비범합니다.

첫째, 그 남자가 깊은 잠에 빠졌습니다. 히브리 원어 성경에서 21절의 '잠'을 뜻하는 단어는 흔히 쓰이는 단어가 아닙니다. 그 단어는 초자연적인 힘이 그 남자를 깊이 잠들게 했음을 암시합니다. 저는 앞 문장을 쓰면서 소리 내어 웃었습니다. 지난여름, 실수로 인해 제 한쪽 다리가 부러졌을 때, 마취주사를 맞자마자 아픔이 씻은 듯이 사라지고, 더없는 기쁨이 제 마음에 퍼지는 것을 경험했기 때문입니다. 그 남자는 하나님의 마취제를 맞고 달콤한 희열을 경험하지 않았을까 싶습니다.

둘째, 하나님이 그 남자에게서 갈빗대 하나를 떼어내셨습니다. 그러고는 그것을 가지고 한 여자를 "지으셨"습니다.[1] 마지막에 등장하는 동사는 도로나 터널의 부설이 아니라 집이나 사원의 건립같이 특별한 제작을 암시합니다. 그 섬세한 과정은 어느 정도 득의만면을 동반했음이 틀림없습니다. 주 하나님은 여자를 지으시고 나서 그녀를 그 남자에게 데려다주기까지 하셨습니다.

그 남자는 계속해서 외쳤습니다.

드디어 나타났구나! 이이는 내 뼈 중의 뼈,
내 살 중의 살!

남자에게서 나왔으니

이이를 여자라고 부르리라. (창 2:23, 사역)

성경에서 하나님의 남성 형상과 하나님의 여성 형상을 지닌 자들이 남자라는 이름과 여자라는 이름을 실제로 받는 것은 이 대목이 처음입니다. NRSV의 각주는, 남자를 뜻하는 히브리 단어는 '이쉬'ish이며, 여자를 뜻하는 히브리 단어는 '이샤'ishshah라고 일러 줍니다. 저는 농담 삼아, 한 여자의 제작이 인류에게 "아아아"ahhhhh라는 감탄사를 더해 주었다고 즐겨 말하곤 합니다.

한 여자의 제작에 관한 마지막 세부 묘사는, 성경은 가부장제의 산물이 아니라는 제 주장에 결정적으로 중요합니다. 그 여자는 "알맞은corresponding 협력자"라 불립니다(NASB 방주). NASB 본문에서는 그 형용사를 "어울리는"suitable으로 번역하지만, 협력자Helper라는 뜻밖의 명사에는 '알맞은'이라는 표현이 더 잘 어울리는 것 같습니다.

며칠 전 아침에, 저는 NRSV의 시편 46편을 읽다가 1절에서 주님을 가리키는 말로 '도움'help이라는 표현이 등장하는 것을 보고 감동을 받았습니다. '도움'을 뜻하는 히브리 단어는 구약성경에서 하나님 또는 YHWH(야웨)를 가리키는 말로 열일곱 차례 사용되고, 군사적 원조를 가리키는 말로는 세 차례 사용되었습니다. 창세기 2:18과 2:20에서만 그 단어가 다르게 사용되었습니다. 일반적으로 하나님을 가리키기 위해 쓰이던 단어가 그 여자를 가리키는 데 쓰였으니, 그 여자는 큰 영예를 받은 것이라고 할 수 있겠죠!

'알맞은'이라는 형용사를 추가하게 된 것도 그런 이유에서입니다. 하나님은 월등한 협력자이십니다. 짐승이나 새 가운데 하나가 남자에게 적합한 짝이었다면 그 피조물은 열등한 협력자였을 것입니다. 그러나 여자는 완전히 동등한 반려자, 그 남자에게 알맞은 협력자입니다. 여기에는 계급제가 존재하지 않습니다. 그녀는 동등한 사람들의 협력을 지지하고 돕는 사람인 까닭입니다.

안식일의 중요성을 제시한 것이 첫 번째 창조 기사의 정점이라면, 여자의 창조는 두 번째 창조 기사의 결미結尾이자 정점인지도 모릅니다. 판단은 여러분의 몫입니다.

성경이 기록되던 당시 사회에는 가부장제가 지배적이었지만, 성경은 그런 가부장제를 특히 반대하는 것 같습니다. 그 여자는 완전하고 동등한 짝으로 지어졌습니다. 더욱더 반가운 것은, 하나님이 직접 그 여자를 그 남자에게 데려다주시어, 그 남자를 처음 만나게 해주셨다는 것입니다.

주

1 NASB의 방주(傍註)에는 "글자 그대로, 건축하셨다"라고 쓰여 있다.

13 인간의 성적 결합을 위한 하나님의 계획

이제까지 우리는 창세기 1장과 2장에서 하나님을 성경 읽기의 초점으로 삼고, 그 응답으로서의 예배에 관해 많은 것을 알게 되었습니다. 또한 우리는 우리가 닮고 싶어 하는 하나님의 활동 모델들, 곧 거룩한 안식일을 지키고 모두에게 식량과 물을 공급하는 것과 같은 활동 모델을 살펴보았습니다. 주님은 몇 안 되는 명령도 내리셨는데, 그 명령들은 땅을 경작하고, 지배권을 삼위일체의 방식으로 행사하여 모든 피조물들에게 적당한 양의 먹을거리를 얻게 하고, 지구상의 거주자들이 사이좋게 지내게 하는 것과 관계가 있습니다.

창세기 2장의 끝(24-25절)에 다다른 지금, 저는 그 이야기에서 드러나는 윤리적인 내용을 고찰하고자 합니다. "그러므로"라는 단어는 하나님이 인간의 성적인 결합을 위해 세우신 결정적인 계획을 우리에게 소개합니다. 이 명백한 당부는 "너는 ~ 해라" 같은 명령으로 주어지지 않고, "남자가 ~를 떠나, ~와 결합하여, 둘이 한 몸이 되는 것이다"(24절 NASB)와 같은 하나의 사실로 주어졌습니다. 이것은 하나님이 창조를 마무리하시고 우리에게 전해 주신 이 관례가 은혜로운 선물임을 보여 줍니다.

하나님의 이상적인 계획

인간의 성적 결합을 위한 하나님의 계획(창 2:24)이 타락 이야기(창 3장)보다 먼저 우리에게 주어졌다는 것은 여간 뜻 깊은 일이 아닙니다. 그 계획은 본문에서 완전하게 법제화되지 않고 있다가 타락 이야기를 거쳐 창세기 4장에 이르러 비로소 완전한 법령으로 자리를 잡습니다. 그러한 시간 조절이 의미하는 바는 다음과 같습니다. 말하자면 창세기 2:24은 타락의 악영향을 억누르기 위한 수단으로 기록된 것이 아니라, 인류에게 최선의 선물을 주시기 위해 고심하시는 하나님의 완전한 상상력을 드러내기 위해 기록되었다는 것입니다. 우리가 에덴의 희열을 가급적 많이 맛보며 살려면 우리의 성적 결합을 위한 삼위일체의 의도를 따라야 할 것입니다. 그렇게 할 때에만 에덴의 희열을 맛볼 최선의 기회를 얻을 수 있기 때문입니다.

창세기 2:24은 성경이 가부장제의 산물이라는 주장을 다시 한 번 반박합니다. 성경이 가부장제의 산물이었다면, 남자가 부모를 떠나는 것으로 기록되지 않고, 여자가 부모를 떠나는 것으로 기록되었을 것입니다. 사실, 자기 가문의 가족들을 떠나는 것은 남자의 몫입니다. 그는 자기 가문의 가족을 떠나 자기 아내하고만 결합해야 합니다. 오늘 저는 한 전문가의 상담 칼럼을 읽었는데, 그 칼럼은 한 여자의 사례를 다루고 있었습니다. 그녀는 남편과의 부부생활이 충분히 무르익지 않았는데도 시댁 식구들이 자신들에게 출산을 재촉하고 있다고 불평했습니다. 이것은 '떠남'이 충분히 이루어지지 않았을 때 흔히 일어나는 문제일 것입니다.

두 번째 당부, 이른바 '결합하기'는 절대적인 충성과 온전한 헌신을 필요로 합니다. 우리 사회는 낭만적인 연애와 연정을 바람직한 결혼생활의 가장 중요한 요소로 꼽지만, 열정은 쉬이 식게 마련입니다. 본문에서 '결합하다'라는 단어가 사용된 것은 의지가 감정보다 중요함을 암시합니다. 누군가와 결합한다는 것은 무슨 일이 생겨도 그 사람을 떠나지 않는다는 뜻입니다.

제가 이제까지 전해 들은 사례 가운데 가장 멋진 결합의 사례를 소개하고 싶습니다. 알츠하이머 병에 걸린 아내를 25년 동안 간호해 온 한 남자가 있었습니다. 라디오 진행자가 그와 인터뷰하면서 물었습니다. "그렇게 오랫동안 환자용 변기를 비우고, 제대로 반응하지도 못하는 사람을 부드럽게 어루만져 줄 때에 어떤 느낌이 들던가요?" 그러자 그가 이렇게 대답했습니다. "기뻤다는 말밖에 달리 할 말이 없군요." 어쩌면 우리는 결합이 대단히 깊어져 순금이 될 정도로 결혼생활을 오래 지속해 온 부부를 알게 된 것인지도 모르겠습니다.

하나님이 남자와 여자를 창조하실 때에 위와 같이 살도록 계획하셨으니, 이제 생식기의 결합은 제자리를 찾아야 합니다. 그 지당하고 올바른 당부를 놓쳐서는 안 됩니다. 생식기의 결합은 한 남자와 한 여자 사이에서만, 그리고 그 두 사람이 자기 가문의 가족들을 떠나 서로에게 온전히 헌신할 경우에만 충분히 표현될 수 있습니다.

언젠가 유대교 전승에 정통한 학자가 제게 알려 준 바에 따르면, 떠남과 결합은 특별한 의식儀式을 암시한다고 합니다. 우리는 세례자 요한이 신랑의 친구를 두고 한 말에서도 그것을 알 수 있습니다(요 3:29). 신랑의 친구는 신부의 집 앞에서 신부를 보호하고 있다가, 신랑이 와서 신부를 그녀의 가족에게서 넘겨받아 그녀와 한 몸을 이룰 수 있게 했다고 합니다. 떠남과 결합에 그러한 의식이 포함될 경우, 그것은 오늘날 우리의 삶에도 엄청난 의미를 갖게 될 것입니다.

창세기 2장 마지막 절은 남자와 여자의 순진무구함을 이렇게 묘사합니다. "그리고 남자와 그의 아내가 둘 다 벌거벗은 상태였으나, 부끄러워하지 않았다"(창 2:25, 사역). 그들은 서로에게 대단히 솔직했습니다. 죄의식이 없었으므로, 그들은 서로에게—또는 하나님께—어떤 것도 감출 필요가 없었습니다. 벌거벗었으면서도 부끄러워하지 않았다는 것은 서로에게 진실하고 정직했음을 의미합니다. 이것 역시 우리 시대의 여러 관계에 실제적으로든 영적으로든 엄청난 영향력을 지니고 있습니다.

규범이 되는 본문들

창세기 2:24의 명령, 곧 하나님의 남녀 창조에서 비롯되는 성적 지령은, 이혼이 하나님의 가장 좋은 계획에 어긋나는 것임을 강조하시기 위해 예수님이 마태복음 19:4-6과 마가복음 10:6-9에서 거듭 말씀하실 만큼 중요한 것이었습니다. 바울 서신에서도 그것을 되풀이해서 언급하고 있습니다. 고린도전서 6:16에서는 매춘과 간통을 경고하기 위해 언급하고, 에베소서 5:31에서는 결혼생활을 그리스도와 교회의 신비한 관계를 가리키는 상징으로 내세우기 위해 언급하고 있습니다. 두 번째 창조 기사에 등장하는 이 명령은 성적인 결합과 관련된 다른 모든 율법과 조화를 이루고 있습니다.

그런 까닭에 우리는 창세기 2:24이 우리 삶에 규범이 된다고 말할 수 있습니다. 이 말은 창세기 2:24이 언제나 참되고, 보편적으로 적용 가능하다는 의미입니다.

성경에는 우리에게 전혀 맞지 않거나 더 이상 해당되지 않는 법령과 명령 들이 많이 들어 있습니다. 그것들 가운데에는 교훈적인 본문들도 더러 있습니다. 예를 들면, 하나님이 이스라엘에게 여리고 도성을 돌라고 하시며 내리신 특별 지시가 그렇습니다(수 6:2-5). 그것들 가운데에는 개선된 본문들도 더러 있습니다. 예를 들면, 사도 바울이 고린도 사람들에게 내린 명령 가운데, 우상에게 바쳐진 음식을 먹는 것과 관련하여 다른 신자들의 믿음을 위해 조심하라며 내린 명령이 그렇습니다(고전 8:4-13).

특정한 시간과 특정한 문화에만 제한적으로 적용되는 교훈적인 본문들 또는 수정된 본문들과, 십계명처럼 시간과 공간을 초월하여 모든 이에게 적용되는 규범적인 본문들의 차이를 설명하는 것은 위에서 든 예들로도 충분할 것입니다.

성 유해 환경

계약 관계, 곧 헌신 관계 안에서만 성적인 결합을 하도록 하신 하나님의 계획을 받아들이고 따르는 것은 21세기의 북미 지역과 그 밖의 다른 지역에서도 점점 힘든 일이 되어 가고 있습니다. 음란한 옷차림의 모델들이 등장하는 광고, 성행위를 노골적으로 묘사하는 영화, 생식기와 관련된 추잡한 언어들이 공공연하게 등장하는 문자 메시지와 음악, 포르노 잡지와 포르노 웹사이트 등이 끊임없이 폭격을 가하고 있는 유해 사회 속에서 어떻게 젊은이들(또는 나이든 어른들)이 순결, 금욕, 정절을 선택할 수 있겠습니까?

이 책에서 살펴본 대로, 긍정적이든 부정적이든 모든 행위는 그에 걸맞은 성품적 특성을 키우게 마련입니다. 젊은 여자가 노출이 심한 의상을 빈번히 입고 다닌다면, 그녀는 자신의 몸을 존중하지 않는 것은 물론이고, 다른 이들의 경멸까지 불러들이게 될 것입니다. 음란물을 즐겨 보는 사람은 성도착 성향을 기르게 될 것입니다. 성적으로 노골적인 언어를 쓰는 사람은 마음이 무감각해져, 하나님이 우리의 성적 결합을 위해 세우신 소중하고 신비롭고 아름다운 계획을 거스르게 될 것입니다.

매스컴이 우리에게 음담패설을 끊임없이 쏟아대고 있지만, 저는 세계 각지의 여러 공동체를 돌아다니면서 모든 연령층의 그리스도인들(과 믿지 않는 이들)이 그러한 음담패설과는 전혀 다른 소리를 간절히 듣고 싶어 한다는 것을 알게 되었습니다. 첫 만남의 자리에서 데이트 상대와 같이 자러 가는 것이 수많은 사람들의 흔한 습관이지만, 어떤 이들은 여전히 성경에 계시된 하나님의 방식이 더 큰 자유와 기쁨을 가져온다고 생각합니다. 제가 보기에, 이 세계는 기독교 공동체가 성적으로 경건한 성품에 대해 무언가 가르쳐 주기를 간절히 바라는 것 같습니다.[1]

하나님의 계획대로 살기

성령의 능력으로 그리스도께서 우리 안에 태어나시어, 그분 자신의 성적 자신감과 순결로 우리를 해방시켜 주실 때에만 우리는 하나님의 계획에 따라 살면서 생식기의 결합을 이룰 수 있습니다. 예수님은 자신의 어머니와 친구들은 물론 원수들까지도 끔찍이 사랑하셨습니다. 그분에게는 대단히 절친한 남성 친구들과 여성 친구들이 있었습니다. 하지만 그분이 그들을 사랑하신 것은, 우리가 6장에서 살펴본 대로, 사회적인 성social sexuality으로 사랑하신 것입니다.

우리는 삼위일체의 포옹을 믿음으로써 삼중적인 사랑으로 다른 이들을 좀더 풍성히 사랑할 수 있습니다. 이를테면 깊이 있는 관계들(여기에는 성적 농담이 없는 튼실한 우정도 포함됩니다)을 기르고, 끈끈한 가족애를 다지고, 하나님의 선교에서 공동 목표를 공유하는 기독교 공동체들을 육성하는 것입니다.

이렇게 우리는 생식기를 통한 성관계를 아끼다가, 때가 되었을 때 창조주 하나님의 계획을 따를 수 있습니다. 이를테면 금욕하며 지내다가, 자기의 가족을 떠나 전적인 헌신 속에서 배우자와 결합하고, 그런 다음 성적 합일에 드는 것입니다. 청춘기 내내 그리고 혼례일이 될 때까지, 이미 정해진 배우자나 미래에 만날 미지의 배우자 혹은 하나님을 위해 성적 순결을 지키기로 결심할 때마다 그러한 성품이 자라나게 될 것입니다.

인내와 평화 같은 다른 덕목들도 성적으로 경건한 성품을 기르는 데 도움이 될 것입니다. 성경을 꾸준히 읽어도, 신실함이 꾸준히 자라나게 될 것입니다. 이는 성경이 긍정적인 행위와 부정적인 행위를 보여 주어, 우리로 하여금 다양한 선택의 결과를 볼 수 있게 해주기 때문입니다. 게다가 성경은 인류 역사 내내 지속되어 온 성 숭배를 폭로하므로 우리에게 더없이 소중합니다. 게다가 구약성경과 신약성경의 이야기들은 다른 종류의 우상숭배―탐욕, 권력욕, 욕심―가 성 숭배와 뒤얽혀 있음을 증명하기까지 합니다.

우리가 그리스도인으로서 긍정적인 덕목들과 긍정적인 행위들을 추구하는 것은 그리해야 해서가 아니라, 그것들이 예수님 안에서 우리에게 모범적으로 드러났기 때문이며, 그분의 영이 우리에게 힘을 주시어 그분의 방식을 본받게 하기 때문입니다. 우리가 창조주 하나님의 계획대로 살겠다고 결심하는 이유는, 삼위일체 하나님이 우리를 진실한 삶의 기쁨으로 이끄시기 때문입니다. 또한 우리가 다른 사람들에게 그러한 삶에 참여하라고 열심히 권하는 이유는, 그들이 그렇게 함으로써 좀더 행복하게 되고, 좀더 충만하게 되고, 좀더 온전하게 되리라는 것을 우리가 알고 있기 때문입니다.

이 장은 하나의 시작일 뿐입니다. 저는 여러분이 이 장을 넘어서기를 바랍니다. 그리고 성적으로 경건한 성품을 기르려면 여러분이 어떤 선택을 해야 하는지 깊이 생각하시기를 바랍니다. 어쩌면 여러분은 여러분의 지역에 있는 기독교 공동체를 향해 다음과 같이 요청할 수도 있을 것입니다. "생식기에 의한 성관계를 건강하게 그리고 지속적으로 표현할 수 있게 하시려고 하나님이 세워 놓으신 계획을 젊은이들에게 좀더 깊이 이해시켜 주십시오." 우리 모두 우리의 순결과 정조를 지킴으로써 우리 사회의 유해 환경에 빠져 허우적거리는 사람들에게 희망을 안겨 주기를 바랍니다.

주

1 이 주제에 대한 연구를 더 깊이 살펴보려면, 나의 책 *Sexual Character: Beyond Technique to Intimacy* (Grand Rapids: Eerdmans, 1993)와 *Is It a Lost Cause? Having the Heart of God for the Church's Children* (Grand Rapids: Eerdmans, 1997)을 보라.

4부

✝

진정한 **예배**, 신실한 **삶**

14 다른 예배를
   선택할 가능성

하나님은 로봇을 원하지 않으셨습니다! 그분이 인간과의 사귐을 누리시려면 인간의 동의와 자발성이 있어야 합니다. 하나님은 자기만을 예배하게 하지 않으시고 다른 대안들도 주셨습니다. 누구도 사랑을 독차지해서는 안 됩니다. 다른 사람도 그것을 필요로 하기 때문입니다. 실로, 하나님은 우리를 지으시기 전에 우리가 다른 예배를 선택할 가능성이 있으며, 다른 사랑을 열망할 가능성이 농후함을 아셨습니다. 그리하여 삼위일체 하나님은 우리를 창조하시기 전에 먼저 우리를 용서하시고, 완벽한 대속의 과정에 참여하시어, 그리스도를 통해 우리와 화해하시기로 작정하셨습니다.

저는 어떻게 해서 그리 되었는지 알지 못합니다. 하지만 하나님의 위대한 창조성과 주권을 어느 누가 헤아릴 수 있으며, 그것들과 긴장관계인 삼위일체의 무한한 지혜와 사랑을 어느 누가 유지할 수 있으며, 인간에게 자유의지가 필요함을 어느 누가 헤아릴 수 있을까요? 이러한 물음들을 깊이 생각하면 생각할수록 우리는 하나님의 불가해성과 그분의 탁월한 은총을 깨닫고 더욱 깊은 예배와 경배를 드리지 않을 수 없게 됩니다.

이것은 변증법적인 긴장으로서 우리의 기독교 신앙에 대해 또 다른 물음들을 던지게 합니다. 어떻게 하나님은 친히 창조하신 모든 이가 그분 자신과 관계 맺기를 바라시면서 동시에 인간들에게 자유의지를 주실 수 있을까요? 어떻게 하나님은 인간들에게 자유의지를 주시면서 동시에 그들을 사랑하실 수 있을까요? 삼위일체가 우주의 통치자시라면, 인간들이 증오와 적대 행위, 파괴와 폭력을 낳는 선택을 하는 것은 어찌 된 일일까요?

하나님 경배와 관련하여, 우리는 다른 예배를 선택할 가능성을 생각해 보지 않으면 안 됩니다. 이는 우리에게 선택의 자유를 주신 하나님의 지혜를 문제 삼으려는 것이 아니라, 우리가 하나님을 외면하려는 이유와 씨름함으로써 겸손 속에서 성장하려는 것입니다. 하나님이 사람에게 말씀하신 정확한 내용을 꼼꼼히 읽어 보도록 합시다.

하나님의 명령

성경 해설자는 하나님이 사람을 에덴에 있는 정원에 두신 다음 나무를 가꾸시는 이야기를 우리에게 자세히 알려 주고 있습니다. "하나님은 보기에 즐겁고 먹기에 좋은 온갖 나무를 땅에서 자라게 하시고, 정원 한가운데에는 생명나무와 선과 악을 알게 하는 나무도 자라게 하셨다"(창 2:9, 사역). 그 상세한 이야기 뒤에는, 주님이 그 환경에 공급하신 강들에 대한 이야기가 곧바로 이어집니다.

주 하나님은 사람을 정원에 두시고 그곳을 경작하며 관리하게 하신 다음 그에게 이런 명령을 내리십니다. "정원에 있는 모든 나무의 열매는 네 마음대로 먹어도 된다. 그러나 선과 악을 알게 하는 나무의 열매는 먹지 마라. 그것을 먹는 날, 너는 반드시 죽을 것이다"(창 2:16-17, 사역).

중요한 것은, 이 두 인용문(창 2:9와 창 2:16-17)을 나란히 놓고 읽어야, 하나님이 얼마나 풍성히 베풀어 주셨는지를 알 수 있다는 것입니다. 하나님이 사람에게 주시지 않은 나무는 두 그루뿐이었습니다. 그것들은 사람이 선택해야 할 나무였습니다. 그분은 사람에게 다수의 나무를 하사하셨고, 그 나무들은 모두 "보기에 즐겁고 먹기에 좋았"습니다(창 2:9). 그 하사품 외에 두 그루의 나무가 더 있었습니다. 한 그루는 생명나무였고, 한 그루는 지식나무였습니다. 철철 넘치는 과잉 가운데에서 사람의 식용이 금지된 식물은 하나밖에 없었습니다.

복종의 대가
―――

어찌하여 우리는 여럿 가운데에서 우리에게 좋지 않은 것 하나를 선택하고 싶어 하는 걸까요? 하나님이 결과를 미리 경고하셨음에도 불구하고, 어째서 우리는 말을 듣지 않으려 하는 것일까요?

저는 방금 던진 어두운 물음들의 답을 모르는 까닭에, 이 장을 써서 이 책에 수록하기를 망설였습니다. 그러나 적어도 물음을 던졌다면 답변할 수 없더라도 그 물음들을 깊이 숙고해 보아야겠다는 생각이 들었습니다.

먹기에 좋은 나무들만 있었던 것은 아닙니다. 하나님이 사람에게 먹지 말라고 명령하신 나무도 한 그루 있었고, 그 나무 외에 따로 지목하신 진귀한 나무, 곧 우리가 눈여겨보아야 할 나무도 한 그루 있었습니다. 그것은 정원 한가운데 자리한 생명나무였습니다. 하나님이 지목하신 그 특별한 두 나무는 사람에게 수수께끼나 다름없었습니다.

이 시점의 그는 생명이 무엇인지를 확실히 모르는 상태였습니다. 또한 그에게는 짝이 없었습니다. 어쩌면 그는 외로워서[1] 생명나무가 그에게 선사할 영광스러운 기회를 상상조차 할 수 없었는지도 모릅니다. 그리스도께서 오시고 나서야 알게 된 사실이지만, 하나님 안에서 영위하는 생명은 완전한 예배 그리고 하나님께 기꺼이 복종함으로써 하나님의 의도에 완전히 부합하는 탁월한 삶을 의미합니다. 아마도 그는 이런 사실을 몰랐던 것 같습니다.

또한 이 시점의 그는 선과 악을 아는 지식이 무엇을 수반하는지도 제대로 이해할 수 없었습니다. 지상에는 악이 없었습니다. 그렇다면 악에 몰두하지 않고서는 악을 알 수 없는 것일까요?

제가 이 물음들을 던지는 것은 우리 자신의 죄 짓는 성향을 숙고하기 위해서입니다. 이따금 우리는 우리 주변 세계의 죄들을 알고 있어야 그것들을 멀리할 수 있다고 생각합니다. 하지만 우리는 그 죄들에 아주 가까이 다가가기만 해도 쉽게 휘말릴 수 있습니다. 사도 바울이 우리를 "친애하는 벗님"이라 부르면서 "우상숭배를 멀리하라"고 타이르는 것은 그런 이유에서입니다(고전 10:14). 만일 우리가 하나님의 명령, 곧 선과 악을 알게 하는 나무의 열매를 먹지 말라는 명령에 직면했더라면, 우리는 어떻게 했을까요?

비극적인 선택

제가 이 장에서 말하려 했던 단순한 목표는 두 가지입니다. 하나는 하나님의 무한한 은총과 사랑을 보는 것입니다. 하나님은 사람에게 상당히 많은 것을 주셨을 뿐만 아니라 선택의 자유까지 주셨습니다. 사람은 하나님의 계획을 따라 그 정원에서 기쁨과 양분을 충분히 얻을 수 있었습니다. 이 장과 앞의 여러 장에서 살펴본 대로, 창세기 2장의 환경에 세심히 주의를 기울인다면, 우리는 신비로운 은총을 풍성히 내려 주신 하나님께 감사하지 않을 수 없을 것입니다.

다른 목표는 태초의 인간이 놓여 있던 자리가 얼마나 힘든 자리였는지를 여실히 보여 주는 것입니다. 우리는 그가 이 세계에 많은 문제를 일으켰다고 탓해서는 안 됩니다. 우리 역시 그들과 마찬가지로 비극적인 선택을 했을는지 모릅니다. 그 선택에 대해서는 다음 장에서 자세히 살펴보겠지만, 우리도 그럴 가능성이 있으며 그 정도로 우리가 부족하다는 것은 우리를 잔뜩 움츠러들게 합니다. 그것을 깨닫는 순간, 우리는 다시 경배하지 않을 수 없을 것입니다.

오오 하나님, 우리에게는 당신이 아주 많이 필요합니다! 선택의 자유가 너무나 엄중하여, 우리는 당신 없이 사는 것을 생각할 수 없습니다. 우리 안에 꼭 필요한 겸손을 길러 주시어, 우리로 하여금 당신이 원하시는 백성이 되게 하소서. 살면서 선택의 기로에 설 때마다 당신의 지혜를 열심히 의지하게 하소서. 우리에게 수많은 선택의 자유를 주신 당신께 감사드립니다. 우리가 좋아하는 노예 상태가 무엇이든, 그러한 노예 상태로부터 우리를 해방시켜 주소서. 우리를 해방시켜 주시어, 우리가 당신만을 온전히 예배하게 하소서. 아멘!

주

1 이 시점의 정원이 완벽했다면, 그리고 그가 하나님과 대화하는 관계를 가졌다면, 그는 외롭지 않았을 것이다.

15 뿌리칠 수 없을 만큼
강력한 죄의 유혹

의미심장하게도, 성경에서는 덮어 놓고 죄를 정의하지 않습니다. 그러기는커녕 한 이야기를 통해 죄의 본질을 소개합니다. 이는 창세기 1장과 2장의 두 이야기를 통해 엄청난 창조의 선물들을 알린 것과 같습니다. 이들 세 기사에 들어 있는 요소들은 우리가 자칫 놓치고 지나칠 수 있는 것들을 알게 해줍니다. 우리는 창세기 3장에 등장하는 이야기를 통해 인간에 얽힌 진실을 접하게 됩니다. 그 진실은 너무나 중대하고 너무나 파괴적이어서 완전히 이해하는 것은 불가능합니다.

뱀을 예로 들어 봅시다. 뱀에 대해서는 이렇다 할 설명이 없습니다. 뱀은 아직 사탄으로 여겨지지 않습니다. 사탄은 바빌론 포로기 이후가 되어서야 히브리 문학에서 독립된 존재로 등장합니다. 사실상, 뱀을 사탄과 동일시하는 곳은 요한계시록

12:9과 20:2뿐입니다.

우리가 아는 정보는 그 뱀이 "다른 모든 들짐승보다 훨씬 간교했다"는 것뿐입니다(창 3:1). 그러한 평에 걸맞게 뱀은 욥기에 등장하는 '사탄' 혹은 '고발자'(히브리 원어로는 *ha-satan*)처럼 굽니다. 프랑스어로는 '아장 프로보카퇴르'(agent provocateur, 교사자敎唆者), 영어로는 '데블스 애드버킷'(devil's advocate, 악마의 옹호자)입니다. 즉 물음들을 던져 남의 행동을 부추기는 사람처럼 굴고 있는 것입니다. 이제 창세기 3장에 나오는 그 이야기를 자세히 관찰하고, 그 밖에 우리가 식별할 수 있는 것들을 기록해 보도록 합시다.

"무슨 일이 일어난 거야?"

다음 대화에서 음흉한 뱀의 질문을 받고 여자가 어느 순간에 태도를 달리하는지 주목하기 바랍니다. 교활한 뱀이 먼저 화제를 꺼냅니다. "하나님이 '정원 안에 있는 모든 나무의 열매를 먹지 말라'고 하시더냐?"(창 3:1, 사역) 이 말은 "그가(여기서는 일부러 그분으로 표현하지 않고 그로 표현했습니다) 너희에게 이 먹음직한 열매를 먹지 말라고 하다니, 하나님은 무정한 심술쟁이임이 틀림없구나"라고 에둘러 비방한 것입니다.

여자가 "우리는 정원 안에 있는 나무들의 열매를 먹어도 된다"(2절, 사역)라고 말한 것으로 보아, 그녀는 급히 주 하나님을 변호하고 있는 것처럼 보입니다. 하지만 분명 뱀의 비방이 그녀를 삼켜 버렸을 것입니다. 그렇지 않고서야 그녀가 어떻게 하나님의 명령에 자기의 말을 보태겠습니까? "정원 한가운데 있는 나무의 열매는 먹지도 말고, **만지지도 마라**. 먹거나 만지면 너희는 죽는다"(3절, 굵은 글씨는 하와의 강조).

우리도 그렇게 하지 않았습니까? (저는 그렇게 한 적이 있습니다.) '불공정한 대우'를 받는다는 생각이 들 때, 우리는 남이 우리에게 한 말이나 행동을 실제보다 더 불공정한 것으로 보이게 하려고 애씁니다. 그러나 앞 장에서 강조한 대로, 우리는 하나님이 사람에게 상당히 많은 것을 주셨을 뿐만 아니라 선택의 자유도 주셨음을 잊어서는 안 됩니다.

뱀은 자기가 그녀의 마음을 조금이나마 낚아챘음을 알고, 다섯 가지 의혹을 제기하여, 겉으로 드러난 것보다 더 하나님을 의심하게 합니다. 뱀은 먼저 이렇게 우깁니다. "너희는 죽지 않을 것이다." 이는 진실하신 하나님을 믿지 않게 하려고 한 말입니다. 뱀은 이어서 "하나님이 아심이니라"라고 말합니다. 이는 하나님이 비밀을 아시고도 하와에게 말씀해 주시지 않았다는 의혹을 제기하여 질투를 유발하려고 한 말입니다. 그리고 나서 뱀은 "너희가 그 나무의 열매를 먹으면, 너희 눈이 밝아져"라고 단언합니다. 이는 자신의 눈이 이미 밝아진 상태라고 여기는 그녀에게 욕망과 혼란을 가득 채우려고 한 말입니다. 그런 다음 뱀은 감질나게 말합니다. "너희가 하나님처럼 되어." 이것은 당연히 가장 믿음직한 말로 들렸을 것입니다. 저 파충류가 마지막으로 놓은 덫은 다음과 같습니다. 이를테면 하나님처럼 되는 것과 '선과 악을 아는 것'은 같은 뜻이라는 것입니다. "선과 악을 안다"는 말은 히브리 관용구에서 모든 것을 처음부터 끝까지 속속들이 아는 것을 의미합니다. 본문과 관련 지어 구체적으로 말하자면, 명령 위반의 실상을 안다는 뜻입니다. 이때쯤이면, 그 여자는 '주님이 이 모든 사실을 나에게 알려 주지 않으시다니, 어떻게 그럴 수가?' 하면서 하나님의 선하심을 송두리째 의심했을 것입니다. 아무래도 그녀의 마음을 가장 많이 호린 말은 그 나무의 열매를 먹으면 '하나님처럼' 된다는 말이 아니었을까 싶습니다. 그 나무의 과일을 먹는 것이 무슨 문제겠느냐는 것입니다.

뱀이 주입한 다섯 가지 의혹을 깊이 숙고하면서 우리가 확인하게 되는 사실은, 이 모든 감언이설이 우리가 뿌리칠 수 없을 만큼 강력하다는 것입니다. 우리도 그러한 감언이설에 넘어가면 어쩌나 하는 우려를 불식시키려면 우리 외부의 도움이 필요합니다. 우리가 제대로 알고 있는지를 살펴보려면 우리 외부의 원조가 필요합니다. 우리는 우리의 죄성이나 우리의 개별적인 죄, 곧 불신과 그릇된 생각으로부터 우리 자신을 구할 수 없기 때문입니다.

이 시점에서, 순진하기 이를 데 없는 그 여자를 난로와 함께 있는 아이로 그려 보는 것도 괜찮을 것 같습니다. 그 여자는 뱀과의 대화가 얼마나 나쁜 짓이었는지, 그리고 그것이 어떤 악을 초래할 것인지를 깨닫지 못합니다. 하지만 그녀는 그 난로(그 나무의 열매를 먹는 행위)가 고통을 주리라는 것만은 알고 있습니다. 그 아이는 자기 어머니가 난로를 만지지 말라고 할 때 그 이유를 분명히 알고 말한 것이라고 굳게 믿었습니다. 그런데 이제는 무언가가 그 아이를 부추겨 '난로를 만지면 정말로 손해가 클까?' 의심하게 하고 있는 것입니다. 마찬가지로 하나님이 그 여자를 완성하셨을 때 그 여자에게는 만족이 있었습니다. 하지만 이제 그녀는 뱀과의 대화로 말미암아 자신의 삶에 무언가가 부족하다는 느낌을 받습니다. 말하자면, **실상**을 알기 위해 그 난로를 만져 보지 않으면 안 되게 된 것입니다.

이제 뱀은 그들(남자와 여자)끼리 알아서 하라는 암시를 남기고 하나님이 꾸짖으실 때까지 약삭빠르게 사라져 버립니다. 그러는 동안, 여자는 그 나무를 찬찬히 살펴봅니다. (6절 하반절로 보건대, 남자도 이 일에 참여한 것 같습니다.) 그 나무의 열매는 먹음직하고, 보암직하며, 사람을 지혜롭게 해줄 만큼 탐스러웠습니다(6절). 삼중 유혹이었습니다. 우리는 이 범주들을 다음 장에서 좀더 자세히 고찰하게 될 것입니다.

누구를 탓하랴?

뱀이 모든 의심의 씨앗, 곧 질투와 불신과 혼란을 성공적으로 흩뿌린 뒤에 여자와 남자가 그 나무의 열매를 먹은 것은 당연한 일입니다. 질투와 불신과 혼란으로 인해 그 부부는 하나님을 더욱 멀리하게 되었습니다. 죄가 싹트기 시작한 것입니다.

죄가 완전히 싹트면, 그 죄는 유해한 결과, 곧 은폐와 비난이라는 열매를 맺게 마련입니다. 나쁜 방향이기는 하지만 뱀의 말은 과연 옳았습니다. 그들이 그 나무의 열매를 먹자마자 그들의 눈이 열린 것입니다. 안타깝게도 그들은 자신들의 특수한 죄만 볼 뿐, 자신들이 하나님을 의지하지 않고 제멋대로 선택했다는 사실을 깨닫지 못합니다. 그들은 하나님이 없으면 자신들이 얼마나 취약한 존재인지를 알고 나서, 무화과나무 잎으로 망가지기 쉬운 옷을 엮어 자신들의 벗은 몸을 가립니다(7절). 이는 우리가 우리의 유죄 상태, 우리의 잘못된 예배 행위들을 다양한 종류의 자기정당화로 가리려는 것과 같습니다.

이제 그들은 가까이 지내던 주 하나님을 피해 나무 사이에 숨습니다(8절). 그들이 숨는 것은 그다지 놀라운 일이 아닙니다. 그들이 하나님의 분명한 명령을 외면하고 어겼기 때문입니다. 그들은 무슨 결과가 일어날지 알지 못했던 것입니다.

주 하나님이 그들에게 질문하신 것은 순전한 은총을 베푸시어 고백할 기회를 주시려는 것이었습니다. 하지만 그들은 고백은커녕 남을 탓하기 시작합니다. 이렇게 죄는 우리가 경험하는 것처럼 증식하는 경향이 있습니다. 주님이 "내가 먹지 말라고 한 그 나무의 열매를 네가 먹었느냐?"(11절) 하고 남자에게 물으신 것은 그에게 손쉬운 회개의 기회를 주시려는 것이었습니다. 하지만 그 남자는 "예, 제가 먹었습니다" 하고 솔직하게 대답하기는커녕 여자를 비난하면서, 그녀가 자기에게 그 나무의 열매를 주었다고 말합니다.

이번에는 사랑의 주님이 그 여자에게 회개할 기회를 주시지만, 그녀는 오히려 간교한 뱀을 고발합니다. 그리고 하나님은 뱀에게 저주를 내리십니다. 이는 우리가 눈여겨볼 의미심장한 대목입니다. 주님이 멋진 은총을 베푸셔서 그 사람들에게 저주를 내리지 않으시고, 뱀(14절)과 땅(17-18절)에게만 저주를 내리신 것입니다.

명령으로 내리신 것이 아니다

세계 역사 내내 여성들이 엄청난 손해를 입은 것은 창세기 3장, 특히 14-19절에 나오는 주 하나님의 말씀을 잘못 읽었기 때문입니다. 남자도 여자와 함께 있었고, 지식나무의 열매를 먹지 말라는 명령을 남자가 먼저 받았는데도, 타락의 책임을 여자에게 씌운 것입니다. (이 양상은 계속될 것입니다!)

정보를 얻기 위해서가 아니라 우리의 훈련을 위해 성경을 읽는다면, 성경이 이야기들 속에 거명된 개인들에 대해서만 말하는 것이 아니라 우리와 우리의 성향들, 우리의 태도들, 우리의 악행들, 우리의 책임전가에 대해서도 말하고 있다는 것을 깨닫게 될 것입니다. 하나님이 뱀과 땅에게 저주를 내리시고 나서 이미 저질러진 죄의 결과가 어떠할 것인지를 말씀하시는 대목에서 우리가 알게 되는 사실은, 주님이 남자를 탓하지 않으시는 것과 마찬가지로 여자도 탓하지 않으신다는 것입니다.

하나님은 뱀에게 저주를 내리신 뒤에, 악의 세력과 여자의 자손 사이의 영원한 싸움에서 무슨 일이 벌어질 것인지를 말씀하실 뿐입니다. 하나님은 특별히 한 자손을 기술하시면서, 그가 저 영원한 싸움에서 심각한 상처를 입겠지만, 그 와중에 뱀의 자손에게 치명적인 타격을 안겨 줄 것이라고 말씀하십니다(15절). 이 일은 마지막 때에 있을 궁극적 승리, 하나님 통치의 절정, 하나님의 우주 회복으로 이어질 것입니다.

이제 주님은 특별히 여자에게 눈길을 돌리시어, 그녀가 악과의 싸움에서 어떤 고통을 겪게 될 것인지를 말씀하십니다. 하나님은 여자의 산고를 크게 더하신 이유를 따로 밝히지 않으십니다(16절 상). 우리는 그분이 하와에게 고통을 더하신 것은 그녀를 겸손과 신뢰로 이끄시려는 것일 뿐만 아니라, 은총의 선물인 자녀들을 당연한 것으로 여기지 않게 하시려는 것이 아니었을까 추측할 따름입니다.

하나님이 "너는 남편을 원하고 남편은 너를 다스릴 것이다"라고 말씀하신 것은(16절 하) 영원한 갈등의 또 다른 악영향을 말씀하신 것이지, 명령으로 내리신 것이 아닙니다. 남편이 아내를 무자비하게 다스리는 것은 하나님이 창조하실 때 세우신 계획이 아닙니다. 하나님의 계획을 따르기 위해 애쓰는 남편이라면 자기 아내를 혹사하거나 들볶거나 천대하지 않을 것입니다. 남편이 아내를 지배하는 것은 하나님의 뜻이 아닙니다.

땅이 아담에게(17절에서 하나님은 '그 사람'에게 말씀하시지 않고 아담에게 말씀하십니다) 고통을 주게 된 것도 하나님이 처음에 의도하신 것이 아니었습니다. 땅이 저주를 받고, 하나님의 선한 창조물이 망가지게 된 것은 아담 때문입니다. 이제 그는 흙으로 돌아갈 때까지 가시덤불과 엉겅퀴, 수고와 땀을 죄값으로 짊어지지 않으면 안 됩니다(17-19절).

하지만 창세기 3장 마지막 부분(20-21절)에서 은총으로의 분명한 전환이 일어납니다. 20절에서 남자는 자기 아내의 이름을 하와라고 부릅니다. 이는 NRSV 각주에서 말하는 것처럼 '생명'을 뜻하는 히브리 단어입니다. 21절에서 그 남자는 세 번째로 아담이라 불립니다. '그 남자'를 지칭하기 위해 히브리 원어 성경에 추가되었던 정관사 the(ㄱ)가 떨어져 나간 것입니다.

우리는 21절에서 또 다른 은총의 표지도 볼 수 있습니다. 주 하나님이 아담과 하와를 위해 좀더 오래가는 가죽 옷을 친히 지어 주신 것입니다. 이는 장차 있을 희생적인 죽음을 암시하며, 하나님이 그들과 그들의 자손들을 의로움으로 감싸시리라는 것을 암시합니다.

창세기 3장의 나머지 부분(22-24절)은 독자적인 이야기를 들려줍니다. 하나님이 인간들을 에덴 정원에서 내쫓으시는데, 이는 그들이 생명나무의 열매를 먹고 죄스러운 상태로 영원히 사는 것을 방지하시려는 것입니다. 하나님 없이, 그리고 이렇다 할 변화의 희망 없이 영원히 사는 것은 얼마나 끔찍한 일인지요! 이토록 적절히 예비해 주시는 주님께 우리가 어떻게 감사하지 않을 수 있겠습니까!

자신을 희생하시어 우리를 저 뱀의 힘으로부터 건져내실 방도를 마련하셨으니, 하나님은 인간들에게 자애로우신 분이 아닐 수 없습니다. 우리로 하여금 이 망가지고 골치 아픈 세상에서 영원히 살지 않게 해주시니, 그분의 은혜는 얼마나 놀라운지요! 우리에게 저주를 내리지 않으시고, 무엇보다도 우리를 포기하지 않으셨으니, 우리가 어떻게 하나님께 감사하지 않을 수 있겠습니까?

16 타락이 관계와 문화에 미친 영향

사실, 이 장의 제목은 상당히 줄여서 붙인 것입니다. 사실상 이 장의 주제를 제목으로 단다면 아마도 다음과 같이 되어야 할 것입니다. "창세기 1장과 2장은 우리와 하나님의 관계, 우리와 문화의 관계에 어떤 긍정적 의미를 가지고 있는가? 그리고 창세기 3장에 나오는 타락은 우리와 하나님의 관계, 우리와 문화의 관계에 어떤 영향을 미치는가?"

이제까지 이 책에서 찬미를 통한 하나님과의 관계에 초점을 맞추어 상당히 많은 내용을 논의했으니, 이제는 하나님이 하신 일의 긍정적인 여운들을 간략히 요약하고, 그런 다음 타락의 부정적인 결과들을 살펴보면서, 엄청난 은혜를 베푸시어 유혹과 명령 위반과 그 결과들로부터 우리를 건져 주시는 하나님께 우리가 얼마나 많은 빚을 지고 있는지를 좀더 깊이 추리해 보려 합니다.

그리고 그러한 유혹들과 명령 위반들, 그 결과들이 끊임없이 계속되고 있는 상황을 살펴보고, 어떻게 그것들이 뒤얽혀 있으며, 어떻게 그것들이 새로운 소용돌이로 증폭되는지도 고찰해 보려 합니다. 그리함으로써 우리는 하나님께 생생한 예배를 드리게 될 것입니다. 우리는 삼위일체의 사랑을 차츰 깨닫고는 하나님께 감사를 드리고 성실을 다하게 될 것입니다.

하나님과의 사귐

우리는 창세기 1장, 곧 첫 번째 기사에서 하나님과 인간이 완전한 조화 속에서 안식을 누리는 모습을 볼 수 있었습니다. 하나님이 남자와 여자를 자기 형상대로 지으신 다음, 모든 것을 보시며 심히 좋다고 선언하셨기 때문입니다. 창세기 2장, 곧 두 번째 이야기에서는 인간과 하나님의 관계가 그다지 많이 드러나지 않지만, 그 이야기에서 하나님은 친히 남자와 여자를 아주 정교하게 지으시고, 남자는 여자를 얻고 나서 몹시 고마워합니다. 그들은 벌거벗었지만 상대 앞에서든 하나님 앞에서든 부끄러워하지 않습니다. 상대방과 멋지게, 하나님과도 멋지게 사귀는 남녀를 보는 듯합니다.

이 책의 3장에 인용한 토머스 머튼의 견해가 생각납니다. "도토리가 된다는 것은 떡갈나무가 될 조짐을 갖춘다는 뜻이다." 문제는 창세기 3장에 등장하는 남녀가 또 하나의 상수리나무가 되는 것에 만족하지 않고, 상수리나무를 대표하려고 했다는 데 있습니다. 그들 남녀는 하나님처럼 되는 것에 만족하지 않고, 스스로 자신들의 삶을 지휘하는 신이 되려고 했던 것입니다.

어처구니없지만, 뱀은 그렇게 신이 될 가능성들의 목록을 다음과 같이 열거합니다. "죽지 않는다, 너희 눈이 밝아진다, 하나님처럼 된다, 모든 것을 알게 된다." 이것은 아트 사이먼 Art Simon이 말한 대로, "섬뜩한 가능성이었다! 그들이 하나님의 형상대로 지어진 것은 얄궂은 일이었다. 그들은 하나님과 대등한 입장에 이르려고 하다가, 그 형상을 인류를 위해 향상시키기는커녕 오히려 더럽히고 말았다."[1]

저는 이것이 '원죄'라고 생각합니다. 그것은 아담과 하와가 죄를 지었고, 모든 이가 그 죄의 허물을 지니고 있다는 뜻이 아니라, 우리 모두가 하나님의 형상대로 사는 것에 만족하지 못하고 있다는 뜻입니다. 우리는 누구나 하나님과 동등한 입장이 되려고 함으로써 우리에게 있는 하나님의 모습을 끊임없이 더럽히고 있습니다. 다들 자신의 삶 속에서 신이 되고 싶어 하는 것입니다.

원죄를 고찰하는 또 다른 방식은, 마르틴 루터가 말한 대로, 불신이 모든 죄의 뿌리임을 인정하는 것입니다. 우리는 하나님이 우리 삶을 적절히 알맞게 조정하실 수 있으며, 또 그렇게 하실 것이라고 생각하기보다는, 우리 수중에 물질이 들어오면 더 나은 일을 할 수 있다고 생각합니다. 우리는 늘 초조해하면서, 하나님의 은혜로우신 목적을 신뢰하는 것과 우리 스스로 우리 자신의 가능성들을 모색하고 추구하는 것 사이에서 비틀거립니다.

우리는 이것을 특히 유아들에게서 자주 목격합니다. 유아들은 자신들이 원하는 것을 얻을 때까지 악을 쓰며 울어댑니다. 그들은 자신들이 자리한 작은 세계의 중심이 되어 그 세계를 지배합니다. 그들 주위에 있는 이들은 그들에게 주의를 기울여, 그들의 칭얼거림을 달래 주는 수밖에 도리가 없습니다. 물론 우리는 그렇게 달래 주는 것을 대수롭게 여기지 않습니다. 유아들은 자신들의 필요를 혼자서는 충족시킬 수 없기 때문입니다. 하지만 그들이 자라 감에 따라, 우리는 그들을 훈련시킵니다. 이는 그들에게 하나님의 형상을 갖추게 하여 만족을 얻게 하고, 그들의 열망을 일깨워 *스스로* 신이 되려고 하는 욕망을 물리치게 하려는 것입니다.

세 가지 유형의 유혹

우리네 행위 선택의 기초가 되는 기질들을 알려면, 어떤 유혹들이 우리의 마음가짐을 행동으로 이끄는지를 살펴볼 필요가 있습니다. 하나님이 우주를 창조하실 때 세우신 원래의 계획은, 만물이 두루 사이좋게 지내고, 인간들이 하나님과 완전한 조화를 이루어 평화롭게 살면서 만족하는 것이었습니다. 그러나 주님이 의도하신 것은 인간들이 그분에게 기꺼이 의지하는 것이었지, 다루기 힘든 로봇으로 사는 것이 아니었습니다. 그래서 그들에게 선택의 자유를 주신 것입니다. 하지만 그들은 비참하게도 그 선택의 자유를 활용하여 하나님을 외면하고, 금단의 열매를 먹고야 말았습니다. 그 일이 빌미가 되어 그들은 남은 생애 내내 수많은 선택을 할 수밖에 없었습니다. 우리가 우리의 생애 내내 수많은 선택을 하지 않으면 안 되는 것도 그 때문입니다.

최근에 저는 한 교회의 예배에 참석하여, 성서일과에 실린 창세기 3:1-7과 마태복음 4:1-11을 가지고 설교할 기회가 있었습니다. 저는 이 두 본문과 요한일서 2:16을 함께 고찰하면서 우리 모두에게 다가오는 유혹들을 좀더 깊이 사색할 수 있었습니다.

그 본문들을 도표로 만들어 닮은 점들을 반추하는 것도 괜찮을 듯합니다.

창세기 3:6	마태복음 4:3-8	요한1서 2:16
먹음직하고	이 돌들로 빵이 되게 하라	육신의 정욕
보암직하고	꼭대기에서 뛰어내려라	안목의 정욕
지혜롭게 할 만큼 탐스러운	이 모든 왕국을 네게 주리라	이생의 자랑

창세기 3장 본문과 마태복음 4장 본문은 대단히 유사합니다. 그리고 요한일서의 본문은 좀더 폭넓은 범주들을 소개하는 데 아주 많은 도움을 줍니다. 그 범주들은 태초의 부부가 받은 유혹과 예수님이 받으신 유혹은 물론이고, 범위를 넓혀 오늘날 우리가 받는 유혹들까지 아우릅니다. 육신의 정욕을 예로 들어 봅시다. 식탐이 없는 사람이라도 다른 육신의 정욕, 육체적 희열에 대한 갈망에 빠질 수 있습니다. 이를테면 지나친 수면睡眠, 자기 이웃에 대한 동경, 술을 더 마시고 싶은 욕구, '러너스 하이'runner's high[2] 등에 빠질 수 있는 것입니다.

우리를 하나님의 뜻에서 밀어지지 않게 하고 여타의 관계들에 시간을 쓰지 못하도록 방해하지만 않는다면, 여분의 수면

이나 육상선수의 행복감이라고 해서 나쁠 것은 없습니다. 하지만 그것들은 통제에서 벗어나 치명적인 욕망이 되기 쉽고, 하나님을 닮은 우리의 품격을 떨어뜨릴 수 있습니다.

'안목의 정욕'을 부추기는 두 번째 유혹은 창세기에 등장하는 상황과 곧잘 비교되지만, 예수님의 사례에서는 이해하기가 쉽지 않습니다. 도움을 얻기 위해, 역사의 다양한 광경을 떠올려 보는 것도 괜찮을 것 같습니다. 예컨대, 로마제국의 계급제도는 '빵과 서커스' bread and circus[3]로 백성을 만족시키려고 했습니다. 방송국에서 TV프로그램을 점점 더 폭력적으로 만들고, 성적인 노출과 표현 수위를 좀더 야하게 하려 하는 것도 안목의 정욕을 부추기기 위해서입니다. 저 유혹자는 예수님에게 이와 같이 '야단법석을 떨어서' 군중의 마음을 끌어 보라고 부추기고 있는 것입니다.

어제 저는 한 기사를 읽으면서 안목의 정욕을 생각해 볼 수 있었습니다. 그 기사는 돋보이게 꾸며진 음식 몇 가지를 대서특필하고 있었습니다. 레스토랑에서 주문하기만 해도 주문자들을 엘리트로 만들어 주어, 남들이 그들을 알아보고 그들의 엄청난 부를 인정해 줄 만큼 값비싼 음식들이었습니다. 예컨대 그런 자들은 아름답게 장식된 작은 물 한 병을 40달러나 주고 삽니다. 그들은 음식을 갈망하는 것이 아니라, 남들의 선망을 불러일으키고 싶은 것입니다. 그들이 그렇게 하지 않고 그 돈을 가난한 이들을 위하여 쓴다면 얼마나 좋겠습니까!

죄의 세 번째 뿌리인 '이생의 자랑'은 하나님의 뜻에서 벗어난 과도한 야망 또는 열망을 의미합니다. 인간이 하나님의 지혜나 능력을 탐하거나, 예수님이 이 세상의 모든 나라를 고난과 희생이 아닌 신속한 방법으로 다스리려 하셨다면, 그것은 자신을 하나님보다 높이는 오만불손한 행위가 되고 말았을 것입니다. 우리가 자기중심주의에 빠지면 빠질수록 우리는 주님과의 관계, 다른 이들과의 관계에서 점점 더 멀어질 수밖에 없습니다.

육신의 정욕, 안목의 정욕, 이생의 자랑, 이 세 가지는 모두 본질상 자기중심적입니다. 우리 자신과 우리의 정욕에 초점을 맞추면 우리는 하나님으로부터 멀어질 수밖에 없습니다. 이 책의 1장에서 고찰한 대로, 우리의 문화는 우리를 우리 자신에게로 '굽게' 만듭니다.

그 반대도 마찬가지입니다. 우리의 불신이 환경 파괴와 문화 파괴를 초래했습니다. 하나님을 피해 숨은 데서 여실히 드러난 인간의 두려움이 공동체의 파괴를 얼마나 심화시켰는지 생각해 보십시오. 사람들이 다른 민족과 전쟁을 벌이고 다른 민족의 문화유산에 심각한 손상을 가하는 것은 그들이 다른 민족적 배경을 지닌 사람들을 두려워하기 때문입니다.

문화유산 하면 가장 먼저 무엇이 떠오르십니까? 그것들 가운데 일부는 창세기 11장의 바벨탑에서 볼 수 있듯이 하나님처럼 되려고 제작된 것입니다. 모든 문화유산에는 그러한 요소가 섞여 있습니다. 우리가 상상하고 고안해 내는 것은 안목의 정욕이나 이생의 자랑 때문이 아닌지요? 우리는 하나님의 영광에 초점을 맞추고 기량과 수완을 발휘하고 있습니까? 우리가 문화 상품이나 그것을 사용함으로써 우리 자신을 섬기고 있는지, 다른 이들을 섬기고 있는지, 물질 자체를 섬기고 있는지, 아니면 온갖 좋은 것을 지으신 창조주 하나님을 섬기고 있는지를 식별하려면 어찌해야 할까요?

문화와의 관계

최초의 문화 상품, 곧 인간의 노력으로 이루어진 산물과 장식품은 무화과나무 잎으로 엮은 보잘것없는 옷이었습니다. 시대가 발달하면서, 하나님으로부터 재능을 선사받은 인간은 가시덤불과 엉겅퀴와 산고의 난제들에 맞서 싸우기 위해 온갖 좋은 물건들과 나쁜 물건들을 발명해 냈습니다. 우리는 그러한 발명품들을 보면서, 우리의 환경에 수많은 자원을 공급해 주시고 우리에게 자신의 완벽한 창조성을 본보기로 보여 주시어 모방하게 해주신 하나님의 은총을 보게 됩니다.

타락 때문에 망가진 환경과 문화 속에서 인간이 생명나무의 열매를 먹고 영원히 사는 일이 없게 해주신 삼위일체의 예방책에서도 하나님의 은총은 여실히 드러납니다. 하지만 놀랍게도 이 세계 문화의 상당수는 생명나무의 열매를 먹으려는 시도 속에서 발전해 왔습니다. 말하자면 인간의 수많은 성취는 영원히 지속될 모종의 탁월한 업적 또는 재산을 쌓으려는 시도와 다르지 않다는 것입니다.

유사 이래, 다양한 문화의 조건들이 여러 가지 방식으로 유혹을 증폭시키고 죄를 늘려 왔습니다. 예수님 시대를 예로 들어 봅시다. 헤롯 지지자들은 헤롯 왕과 제휴함으로써 권력(이생의 자랑)을 얻으려고 했습니다. 반면에 바리새인들은 유대인들에게 율법을 완전히 지키라고 가르침으로써 그들을 구할 수 있다고 생각했습니다. 열심당원들은 로마 정부를 전복시키려고 시도했고, 에세네파는 비밀스러운 순결 공동체로 숨어들었습니다. 이들 모두 매우 다른 형태의 권위 또는 권력을 추구했던 것입니다. 그들이 서마다 극단적인 방법을 취할 수 있었던 것은 그 때문입니다.

내가 믿어야 할 모든 것은 창세기에서 배웠다

사람들이 정치적 환상에 빠져드는 것은 우리 시대에도 마찬가지입니다. 예컨대, 오늘날 어떤 이들은 올바른 사람을 선출하기만 하면 국가의 문제가 해결되리라는 견해에 쉽게 굴복합니다. 그들은 모든 지도자는 죄인이며 실수를 저지를 수밖에 없다는 사실을 너무나 빨리 망각하고 맙니다.

저의 요지는 다른 것이 아닙니다. 이 시대가 문화 다양성의 시대여서 다양한 형태를 띨 뿐이지, 따지고 보면 유혹들은 우리가 앞 절에서 살펴본 세 가지 유혹과 다르지 않다는 것입니다. 그렇지만 죄의 결과들은 갖가지 문화 영역에서 비롯된 결과들과 뒤얽혀 엄청나게 부풀어 오르고 있습니다.

죄의 악순환이 진행되면 진행될수록 우리와 우리 문화는 하나님에게서 멀어질 수밖에 없습니다. 이 우주는 타락의 결과로 자신의 계획을 더 이상 이룰 수 없게 되었습니다. 예컨대, 우리 시대의 창공은 인간의 과소비와 수많은 생태계 파괴로 말미암아 인간의 안전에 꼭 필요한 오존층을 더 이상 유지하지 못하고 있습니다.

인간의 죄가 다양한 방식으로 폭행을 가한 까닭에, '자연'은 인류에게 반감을 품어 온 것처럼 보입니다. 창세기 1장에서 시작되어 예찬을 받던 조화는 창세기 3장에 등장하는 타락으로 인해 남자와 여자, 인간과 피조물, 인간과 하나님 사이에서 깨지고 말았습니다. 현재 우리의 죄성은 모든 관계의 와해를 세계적인 규모로 확산시킨 상태입니다.

예컨대, 돈을 더 벌려는 욕심 때문에 타락한 인간들이 동물들을 '그 본성대로'(according to their kind, 그 종류대로) 살지 못하게 할 때 빚어지는 파괴적 결과들을 깊이 생각해 보십시오. 다들 뉴스보도에서 암퇘지들이 신체적·정서적으로 겪는 끔찍한 고통을 보았을 것입니다. 농업 관련 산업에서 암퇘지들이 본래의 습성대로 다른 암퇘지들과 섞여 건초더미에서 출산하는 것을 허락하지 않는 이유는 암퇘지들을 번식 틀에 가두어 놓아야 돈을 더 벌 수 있기 때문입니다.

이 책의 지면을 할애하여 더 많은 사례를 제시할 마음은 없습니다. 몇 가지 사색의 고리를 제시하여, 죄의 발생과 그것의 복잡한 증식 그리고 그 결과들을 추적하게 하는 것은 위에서 든 소수의 사례만으로도 충분할 것입니다. 어쩌면 아래에서 던지는 몇 가지 질문이 다른 분석 방법들을 제시해 줄지도 모르겠습니다.

우리는 죄의 결과로 가시덤불과 엉겅퀴, 수고와 땀이 있게 되었음을 살펴보았습니다. 노동은 누구에게나 어느 정도의 고 두를 수반하게 할 것입니다. 그러한 부담을 덜기 위한 우리의 시도가 새로운 부담을 야기하는 것은 무엇 때문일까요?

내가 알아야 할 모든 것은 장애기에서 배웠다

인간이 **모든** 나무의 열매를 먹도록 허락받은 것은 아닙니다. 이는 하나님이 지으신 선한 피조물 가운데 우리에게 좋지 않고 우리를 통한 주님의 의도에 좋지 않은 어떤 요소가 있어서일까요? 인간의 발명품들을 찬찬히 살펴보십시오. 그것들이 다 우리에게 좋은 것일까요? 과학기술의 도구들이 천연 산물의 본성을 침해할 수 있다면 그것이 우리의 복지와 세계의 복지에 좋은 것일까요? 하나님의 피조물들과 인간의 발명품들이 우리에게 좋은 것인지를 판단하고 선택하려면 어떤 기준을 적용해야 할까요?

지각 없는 '소비자'처럼 선택하기를 피하려면 어떻게 해야 할까요? 맛있는 음식, 그럴싸한 겉모양, 지혜롭게 해줄 만큼 탐스러운 것이 과연 하나님의 영광에 쓸모가 있는 것일까요?

에릭 샌드라스Eric Sandras는 신비와 안정적 이해를 구하는 열망 사이의 긴장 때문에 죄가 발생한다고 말합니다.[4] 말하자면 우리가 하나님의 신비로운 지혜를 필사적으로 의지하지 않고, 사태 해결 방법을 낱낱이 알고 싶어 하기 때문에 죄가 발생한다는 것입니다. 저 긴장에 대한 샌드라스의 통찰에 공감이 가지 않으시나요?

제 경우를 봐도 그런 것 같습니다. 저는 무언가 좋지 않은 (한쪽 다리가 부러지는 것과 같은) 일이 일어날 때, 종종 하나님을 신뢰하지 않고(루터가 말한 대로 하나님을 불신하고) 주님이 그 일에서 얼마나 좋은 결과를 이끌어 내실 것인지를 정확하게 알고 싶어 합니다. 말하자면 불확실한 상황을 낱낱이 이해하고 있어야 비로소 안심이 된다고 여기는 것입니다. 이러한 성향은 아담과 하와가 처해 있던 곤경을 반영합니다. 저는 이 사실을 깨닫고 나서 그들에게 좀더 공감하게 되었고, 하나님 앞에서 더욱 겸손해질 수 있었습니다.

저는 이 장에서 다양한 형태의 자기중심주의를 스케치하면서, 주 하나님이 우리를 여전히 사랑하고 계시다는 사실에 감사하지 않을 수 없었습니다. (뱀의 꼬드김에 의한 것 말고는) 타락의 부정적인 결과들이 알려지기 전에 주님이 자신의 고난을 통해 저 유혹자를 패배시키셨다고 선언하신 것은 실로 놀라운 선물이 아닐 수 없습니다!

주

1 Art Simon, *Rediscovering the Lord's Prayer* (Minneapolis: Augusburg, 2005), p. 113.
2 마라톤이나 달리기 등에서 일정 강도의 운동을 30분 이상 계속했을 때 찾아오는 행복감이나 황홀감—역주.
3 고대 로마제국의 전제군주들이 시행한 정책. 백성에게 빵을 넉넉하게 주고, 스릴 넘치는 유흥거리를 제공함으로써 정치에 한눈팔지 못하게 하려는 의도가 담겨 있다—역주.
4 Eric Sandras, *Plastic Jesus: Exposing the Hollowness of Comfortable Christianity* (Colorado Springs: NavPress, 2006).

17 우리의 배반에도 하나님은 계획이 있으시다

이 책의 작업을 시작할 때, 저는 로버트 풀검Robert Fulghum이 유치원과 연관 지어 쓴 유명한 책[1]에 창피를 주려고 이 책의 제목을 "내가 기독교 신앙을 위해 알아야 할 (거의) 모든 것은 창세기 1-3장에서 배웠다"*[Almost] Everything I Needed to Know for My Christian Faith I Learned from Genesis 1-3*로 달고 싶었습니다. 그러나 그리하면 초점을 하나님께 맞추지 못하고 우리에게 맞출 것 같았습니다. 1장에서 논의한 대로, 성경을 제대로 읽는 방법은 하나님께 초점을 맞추고 시작하는 것입니다. 그리고 우리네 신앙의 지적 차원을 강조하기보다는 삼위일체의 지도를 받아 놀람과 경배로 나아가는 법을 숙고하는 것도 성경을 제대로 읽는 방법입니다. 게다가, 처음부터 끝까지 기독교의 삼위일체 신앙을 갖추려면, 예수님과 그분의 생애, 그분의 가르침, 그분이 일으키신

기적들, 그분의 고난, 죽음, 부활, 승천, 성령의 파송과 관련된 온갖 증언을 우리에게 가르쳐 주는 복음서의 이야기들도 읽어야 할 것입니다.

그러나 우리는 창세기 1-3장의 내용만 가지고도 하나님이 늘 진행하실 일반적인 방침에 푹 잠길 수 있으며, 그분의 성품을 충분히 음미함으로써 그분을 끊임없이 신뢰하는 것이 가능하다는 것을 깨달을 수 있습니다. 또한 우리는 어둠이 빛의 능력을 이길 수 없고, 하나님의 개혁이 문화 작품들(일시적인 무화과나무 잎)을 능가할 것이며, 새로운 비전들 곧 삼위일체의 특별 은총이 인간의 잘못된 예배를 반격하리라는 것도 깨달을 수 있습니다.

은총 이야기

우리는 창세기의 처음 두 장을 읽으면서 하나님의 비할 데 없는 창조성에 흠뻑 반했습니다. 인간은 아이디어를 생각해 내거나 물건들을 발명해 낼 수 있지만, 정말로 무無에서 유有를 창조할 수 있는 분은 하나님 한 분밖에 없습니다. 게다가 만물을 완전한 조화 속에서 움직이실 수 있는 분도 삼위일체밖에 없습니다.

　인간이 죄스러운 마음가짐과 행위와 비난으로 이 조화를 깨뜨릴 때, 주 하나님은 주도권을 쥐시고 우주를 다른 방향으로 움직이십니다. 창세기 3:8-9에서 하나님은 저녁 산들바람 속에 정원을 거니시며 사람을 찾아다니시는 분으로 등장합니다. 하나님은 그때부터 줄곧 우리를 찾아다니십니다. 특히 잃어버린 이들을 찾기 위해 육신을 입으신 예수 그리스도의 모습과, 창세기 1:2에서처럼 우리를 부드럽게 덮으시는 성령의 모습으로 우리를 찾아다니십니다.

　창세기 3:11에서 주 하나님은 엄청난 인내를 보이시면서 남자에게 죄를 고백할 기회를 주십니다. 그리고 그분은 그때부터 줄곧 자기 백성과 땅을 참을성 있게 대하십니다. 미국이 이 세계의 극빈자들을 원조하지 않고 파괴적인 목적에 돈과 권력을 쓰고 있는 지금, 저는 하나님이 미국을 꾸짖지 않으시고 계속 참고 계심에 그저 깜짝 놀랄 따름입니다. 미국이 그러는 동안에도 주님은 수많은 사람들을 세우시어 그러한 불의를 야기하는 태도들과 행동들을 뒤엎기 위해 지금도 친히 진행하고 계신 일에 그들을 참여시키십니다.

　가장 중요한 사실은 주 하나님이 뱀(과 자손에 관해 기쁜 소식을 들은 여자)에게 이렇게 선언하셨다는 것입니다. 즉, 때가 차면 녀석의 머리가 일격을 당할 것이며, 그 와중에 녀석이 여자의 자손에게 고통을 안겨 주겠지만 반드시 패하리라는 것입니다. 하나님이 죄성과 죄를 이길 계획을 미리 세우셨고, 태초의 창조 계획이 되살아나거나 완성될 희망, 머리이신 그리스도의 지휘 아래 우주가 회복될 희망이 있게 하시니, 이것이 어찌 은총이 아니겠습니까!

이미 이 책의 15장과 16장에서 살펴본 대로, 우리는 창세기 3장 이야기의 끝부분에서 은총의 장면들을 더 접하게 됩니다. 하지만 그 자손의 도래를 위한 하나님의 준비는 하나님이 창세기 12장에서 아브라함을 통해 한 선민을 세우시고 나서 시작됩니다. 성경의 나머지 부분은 복잡한 이야기를 전합니다. 그 이야기에서 하나님의 백성은 순종하기도 하고 불순종하기도 하며, 구제받기도 하고 재임명되기도 하며, 예수님을 따르기도 하고 부인하기도 하며, 교회로서 사랑 안에서 살기를 게을리하기도 하고 성령의 능력을 받아 온 세상에 복음을 퍼뜨리기도 합니다. 하나님께 초점을 맞추고 이 이야기를 읽어 보십시오. 그러면 아낌없는 은총과 사랑과 자비가 인간의 좌절을 풍성히 에워싸고 있음을 깨닫게 될 것입니다. 넘쳐흐르도록 후히 베풀어 주시는 하나님께 푹 잠겨 보십시오. 그러면 찬양하지 않을 수 없을 것입니다.

진리를 읽지 못하게 막는 것들

넘쳐흐르는 저 은총에 주목하는 것이 중요합니다. 이 세계의 아주 많은 사람들이 은총을 부정하거나, 은총이 부족하다고 생각하기 때문입니다. 수많은 사람들이 이 세계에 고통 (그리고 무엇보다도 악)이 존재하고 있다는 사실을 가장 먼저 들이밀면서 하나님의 사랑을 믿지 못하겠다고 말합니다. 이 책의 3장에서 언급한 대로, "하나님은 선하시고 전능하신 분이시다"라는 변증적 사실과, "고뇌와 역경, 비극과 죽음이 이 세상에 존재하고 있다"는 사실이 서로 충돌하고 있는 것입니다.

3장에서 말한 대로, 우리가 "하나님은 선하시고 전능하신 분이시다"라는 사실을 믿는 일에 초점을 맞추고 시작한다면, 고통의 원인들을 다른 곳에서 찾게 될 것입니다. 말하자면 하나님이 지으신 피조물의 선함, 하나님이 세우신 계획의 절대적 조화로움, 남자와 여자를 지으신 하나님의 섬세하심을 우리가 미처 깨닫지 못했기 때문이라는 것입니다. 하나님이 손수 지으신 작품의 우주적 차원과 인간적 차원을 본다면 우리는 그분의 장엄한 능력과 그분의 웅대한 사랑을 감지하지 않을 수 없을 것입니다. "악과 고통이 존재하는 것을 보니, 하나님이 계시지 않는 것 같아"라고 말하는 자들은, 스스로 삼가며 하나님이 땅과 하늘과 역사 속에서 하신 모든 일을 파악하고 깊이 생각하는 것이 좋을 것입니다.

반면에 의심하는 인간에게 초점을 맞추고 시작하면, 우리가 고통을 겪는 이유는 원죄 때문임을, 곧 우리 자신을 신으로 만들려고 하기 때문임을 곧바로 알아차리게 될 것입니다. 어떻게 인간이 뱀의 간계에 걸려 넘어질 수 있단 말인가 의아하게 여기며 출발하더라도, 우리는 그와 똑같이 강렬한 태도가 우리 안에 도사리고 있음을 간파하게 될 것입니다. 이를테면 하나님이 우리를 잘 대해 주지 않으실까 봐 걱정하고, 그분의 지혜에 이의를 제기하고, 그분의 진리를 의심하고, 그분의 형상대로 살기보다는 더 나은 지위를 갈망하는 것입니다. 이러한 자신의 실상을 직시하는 이들은 자신을 낮추고 개방하여 하나님, 곧 고통과 악을 염려하시는 하나님을 모셔들이게 마련입니다.

방금 말한 것을 인식하는 것이 특히 중요합니다. 부유하게 사는 서구에서만 고통 때문에 하나님을 불신하는 일이 일어나기 때문입니다. 이 세계의 가장 가난한 나라들에서는 고난이 오히려 신앙의 자극제가 되고, 믿음의 위안을 붙들게 하는 요인이 되고 있습니다. 우리가 너무 풍요롭게 살아서 하나님에 대한 이해까지 살 수 있다고 생각하는 것은 아닐까요? 우리가 너무 교만해서 우리 자신을 하나님과 동등한 자리에 앉힌 것은 아닐까요?

결국, 우리는 하나님의 성품과 신비로 돌아왔습니다. 우리는 하나님의 의도 가운데 상당수를 이해할 수 없을 것입니다. 우리가 온갖 복잡한 요인들을 충분히 파악하지 못하고, 시간도 제한되어 있기 때문입니다. 하지만 삼위일체가 언제나 사랑과 자비로 움직이고 계시다는 것은 틀림없는 사실입니다. 저 유명한 구절, 곧 요한복음 3:16에서는 하나님이 여기저기에 있는 소수의 백성을 사랑하셨다고 말하지 않습니다. 성부 하나님이 성령의 능력으로 성자 하나님을 보내신 것은 삼위일체가 이 세상[그리스어로는 '우주' *kosmos*]을 몹시 사랑하셨기 때문입니다. 이는 악을 제거하고 고통을 치료하시려는 하나님의 가장 속 깊은 행위가 아닐 수 없습니다. 그 신비 앞에 겸손히 엎드려 경배하도록 합시다. 그리고 주님의 뜨거운 사랑을 신뢰하고 즐기도록 합시다.

숭배의 해석학

오늘날 많은 사람들이 신학교에서 (그리고 특수 경로를 통해서) '의심의 해석학' hermeneutics of suspicion을 곁들인 성경 독법讀法을 배우고 있습니다. 이는 그들이 성경의 신빙성을 의심하면서 읽고 있다는 뜻입니다. 유진 피터슨은 그러한 해석학을 아래와 같이 강력하게 반대합니다.

> 그러나 의심에 찬 눈초리로 바라보면 이 세상도 그에 따라 협소해진다. 그리고 이러한 독서 습관으로 성경을 읽으면, 자그마한 진실의 톱밥 더미만 남게 된다.

그는 우리 주위에 거짓말이 난무하니 진실과 거짓을 분별하는 법을 배우라고 말한 다음, 폴 리쾨르Paul Ricoeur의 '제2의 순진함'이라는 개념을 인용합니다. 그는 우리가 진실을 분별했으면 다음과 같이 해야 한다고 말합니다.

> 어린아이처럼 경탄하는 능력을 가지고 이 세상을 바라보면서, 매순간 하늘에서 쏟아져 내리는 진리와 아름다움과 선의 넘치는 풍부함에 깜짝 놀라며 기뻐할 준비를 하라. 숭배의 해석학을 개발하라. 인생이 얼마나 크고 멋지고 장엄한지를 보라.
> 그리고 성경을 읽을 때 이 숭배의 해석학을 실천하라. 이 텍스트가 계시하는 거대하고 복잡한 세상을 탐험하고 즐기는 일에 여생을 바칠 계획을 세우라.[2]

그의 멋진 충고는 이 책에서 하나님께 초점을 맞추고 경배에서부터 시작하라고 강조하는 것과 유사합니다. 하나님께 초점을 맞추고 경배에서부터 시작하는 것이야말로 고통과 고난을 다루는 최선의 방법입니다.[3]

하나님의 증언자이며 은총의 증언자인 성경

저는 이 장에서 성경의 역사적 진실성에 대해서는 일부러 아무 말도 하지 않았습니다. 그리스도인들을 그러한 싸움 너머로 데려가는 것이 저의 의도이기 때문입니다. 우리의 옳음을 증명하려 하고, 우리의 해석이 다른 이의 해석보다 '더 정확하다'는 것을 증명하려고 하다가는 우리의 교만만 드러낼 뿐입니다. 제 의도는 이러합니다. 즉, 창세기 1-3장의 이야기들을 예배에 초점을 맞추고 읽으면 전혀 다른 방향에서 성경 본문에 푹 잠길 수 있다는 것입니다.

그러한 독서법을 일컬어 '렉치오 디비나'lectio divina, 혹은 '영적 독서'라고 합니다. 이것이 좀더 적절한 독서법인 까닭은 하나님의 진리가 영적으로만 분별되기 때문입니다(고전 2.12-16). 성경은 거룩한 단어들로 이루어져 있습니다. 그리고 그 단어들은 우리를 훈련시켜 하나님과 사귈 수 있게 해주고, 다른 이들과도 사귈 수 있게 해줍니다. 이 사실을 신뢰하면서 성경과 씨름할 경우, 우리는 성경을 조급하게 읽지 않게 될 것입니다. 단어 하나하나마다 그에 알맞은 주의를 기울이게 될 것입니다. 우리 삶에 스며들어 구체화되는 힘이 그 단어들에 들어 있음을 알게 될 것입니다.

성경을 섭취하는 것은 시골의 신선한 공기를 깊이 들이쉬는 것과 같습니다. 맑은 공기는 우리의 폐를 가득 채우고, 대동맥을 통해 우리 온몸의 세포에 골고루 퍼져, 활기찬 삶, 활력 넘치는 삶을 가능하게 해줍니다. 하나님의 말씀이 우리의 정신과 마음에 들어오면, 삼위일체의 진실이 우리에게 신선한 시각을 제공해 주고, 우리는 성령의 능력으로 하나님의 영광을 위해 예수님의 방식대로 살게 될 것입니다.

훈련을 위한 성경 읽기

제가 왜 이토록 성경 독법을 강조하는 것일까요? 정독하든 대충 훑어 읽든, (성경이 아닌) 여타의 문헌을 읽을 때 쓰는 독서법을 우리의 매일 기도서에 적용하는 것은 지나치게 안이한 처

사이기 때문입니다. (저는 성경 본문을 읽을 때면 마음이 흡족해질 때까지 꼼꼼하게 주의를 기울여 몇 번이고 반복해서 읽습니다.) 우리가 정보를 얻기 위해 성경 읽는 습관을 들인다면, 그 습관을 깨뜨리기가 어려울 것입니다. 그리고 하나님의 말씀이 우리에게 주는 기쁨과 교훈들을 놓치고 말 것입니다.

어느 주일날, 어딘가에서 설교하던 때의 일이 생생히 기억납니다. 저는 복음을 선포하면서 회중에게 성경 본문을 잠시 접어 둘 것을 요구했습니다. 왜냐하면 저는 다른 번역본을 사용하고 있었고, 그들을 헷갈리게 하고 싶지 않았기 때문입니다. 그러고는 이렇게 부탁했습니다. "여러분의 눈을 감고, 여러분의 온 힘을 상상력에 집중하여, 이사야서 6장에 기록된 하나님의 장엄한 현현顯現을 경험해 보십시오."

하지만 회중 가운데 한 사람이 무슨 차이가 있는지 알아보려고 성경 본문을 확인하기를 고집했습니다. 과연 그는 여러 표현에 대한 정보를 어느 정도 수집하기는 했지만, 우리의 죄성, 회개, 정화, 거룩하신 하나님의 근사한 아름다움을 극적으로 상상할 기회는 놓치고 말았습니다. 비참하게도, 그는 자기의 삶을 극적으로 변화시킬 기회를 잃고 만 것입니다.

삼위일체의 찬란한 광휘를 접하는 순간, 우리는 그 광휘가 우리 삶에 스며들어 우리를 그 신령한 기운 안으로 끌어당겨 주기를 바라게 될 것입니다. 하나님이 지금도 여전히 우리를 끈질기게 찾고 계심을 깨닫는 순간, 우리는 그분의 자애로운 품으로 뛰어들 때처럼 달콤한 위안을 경험하게 될 것입니다. 이처럼 충만한 은총은 우리가 늘 경험하게 될 가장 섬세하고 가장 상쾌한 쉼을 제공합니다.

주

1 Robert Fulghum, *All I Really Need to Know I Learned in Kindergarten* (New York: Ivy Books, 1989). 「내가 정말 알아야 할 모든 것은 유치원에서 배웠다」(랜덤하우스코리아).

2 Eugene H. Peterson, *Eat This Book: A Conversation in the Art of Spiritual Reading* (Grand Rapids: Eerdmans, 2006), pp. 68-69. 「이 책을 먹으라」(IVP). Paul Ricoeur, *The Symbolism of Evil* (Boston: Beacon, 1967), p. 351에 인용됨. 「악의 상징」(문학과 지성사).

3 역경에 처한 이들에게 도움이 될 만한 책을 원한다면, 나의 책 *Being Well When We're Ill: Wholeness and Hope in Spite of Infirmity* (Minneapolis: Augusburg, 2008)를 보라.

18 진정한 예배, 신실한 삶

앞 장을 시작하면서 깨달은 것이지만, 창세기 1-3장은 우리에게 신앙을 위한 훈련 소재를 아주 많이 제공합니다. 우리는 예배를 위해 지어졌으며, 삼위일체의 인자한 성품에 푹 잠기도록 지어졌습니다. 뿐만 아니라 아름다움에 대한 확고한 사랑, 선을 알고 감사하는 마음, 진리를 추구하는 대단한 열정을 품으라는 간절한 요청도 받았습니다.

그러나 우리가 고찰해 온 그 이야기들은 우리에게 부수적인 선물도 안겨 주었습니다. 최근에 저는 실존적으로 중대한 물음들에 답할 수 있는 단서들이 창세기 1-3장에 들어 있다는 생각을 하게 되었습니다. 성경의 첫 부분(창 1-3장)은 성경적 세계관을 형성하는 데 필요한 거의 모든 것을 우리에게 제공합니다. 물론, 그것은 예수 그리스도의 가르침과 고난, 죽음과 부활을 믿는 기독교 신앙의 핵심에 대해 자세히 묘사하지는 않습니다. 그것은 우리의 성경적 세계관 형성에 꼭 필요한 희망을 제공할 뿐입니다. 하지만 우리는 창세기 1-3장의 은혜로운 이야기들에서 다른 차원의 것들도 많이 발견할 수 있습니다.

우리의 삶 속에서 일어나는 온갖 사건들을 처리하고 좋건 나쁘건 사건들을 우리의 인생관 어디에 배치할 것인지를 알려면 성경과 일치하는 세계관을 지녀야 합니다. 그래야 역경에 처했을 때 그 역경에 좀더 잘 맞서고, 일이 잘 풀릴 때에는 잘난 체하지 않고 좀더 감사하고, 이 세상이 온통 혼란스러워 보일 때에는 하나님이 여전히 다스리고 계심을 신뢰할 수 있습니다.

성聖이 속俗을 에워싸고 있다

하나님은 태초에 하늘과 땅을 창조하시면서 한 환경, 곧 네 개의 강으로 둘러싸인 특별 정원 구역을 만드시고, 그 속에 인간을 배치하셨습니다. 그것은 하나님이 "좋다"고 선언하신 환경이었습니다. 그 특별 구역보다 훨씬 크시고 한없이 크신 하나님은 동시에 다정하게 감싸는 거룩한 거처가 되어 주시어,

인간이 그 속에서 살 수 있게 해주셨습니다. 이는 우리로 하여금 하나님 안에서 그분과 생생히 하나 되어 살게 하시려는 것입니다.

우리의 행복을 위해 하나님이 친히 세우신 그 계획은 죄로 말미암아 손상되기는 했지만 지금도 여전히 지속되고 있습니다. 하나님이 애초에 모든 것을 좋게 만드셨으므로, 성聖과 속俗 사이에는 확실한 경계선이 존재하지 않습니다. 오히려 성이 속을 에워싸고 있습니다. 인간이 하나님의 선한 피조물들을 더럽히기는 했지만, 하나님이 세우신 본래의 계획이 선했다는 것은 틀림없는 사실입니다. 그런 이유로 악은 부정적인 것, 벗어난 것, 불순한 것일 수밖에 없습니다. 그것은 자기 힘으로 존재하지 못하고, 하나님의 선을 잠식함으로써만 존재할 수 있습니다. 마지막 때가 되어, 삼위일체가 우주를 회복시키고 악을 영원히 물리치시면 하나님의 나라와 하나님의 통치가 모든 것을 에워쌀 것이고, 하나님의 말씀 자체이신 예수님이 우주의 머리로 복위하실 것입니다. 이것이 바로 '재현'recapitulation이라는 단어가 지닌 의미입니다.

하나님이 자신의 사랑과 자비로 우리 모두를 자신 안에 품어 안고 계심을 이해할 때, 비로소 우리는 포스트모던 시대에 우리를 따라다니며 괴롭히는 실존적 물음들에 자신 있게 답할 수 있습니다. 우리는 창세기 1-3장에 등장하는 세 이야기를 통해 우리가 우주와 조화를 이루려면 어찌해야 하는지를 똑똑히 이해할 수 있습니다.

실존적 물음들

1. 나는 누구인가? 나의 정체성은 무엇인가?

우리는 저마다 하나밖에 없는 하나님의 창조물입니다. 우리의 출생이나 유년기를 둘러싸고 있던 조건들이 바람직하지 않았다 하더라도, 우리 개개인은 (시편 139편이 말하듯) 모태에 있을 때부터 하나님이 알아 주신 자들이며, 주님께 사랑받는 자들입니다. 우리는 저마다 하나님의 형상대로 지어졌습니다. 우리의 독특한 정체성은 우리가 하나님의 형상을 이 세계와 공유하는 다양한 방식으로 드러납니다. 우리의 정체성에는 우리 개성의 여러 양상들, 가령 어릿광대의 유머감각, 가르치는 재능 같은 것들처럼 우리의 직업과 관련된 필수 재능들도 포함됩니다. 이처럼 우리가 날 때부터 부여받은 재능들 외에도 신약성경에서 알게 되듯이 성령이 우리에게 베풀어 주시는 특별한 영적 은사들이 있어, 우리로 하여금 하나님을 특별한 방식으로 섬길 수 있게 해줍니다. 우리는 창세기의 처음 두 이야기에서 다음과 같은 사실도 배우게 됩니다. 말하자면 우리가 더없이 소중한 존재들이었으며, 우리 선조들이 살던 세상을 향해 하나님이 "대단히 좋다"고 말씀하셨다는 것입니다. 성경 전체가 끊임없이 전하는 이야기는 이것입니다. 즉, 우리가 하나님께 소중한 보배가 되어야 하며, 하나님은 우리와 고유한 관계를 유지하시기 위해 우리를 줄곧 찾고 계시다는 것입니다.

2. 나는 누구에게 속해 있는가? 나는 누구에게 충성을 맹세하는가?

이 물음은 오늘날 상당수의 젊은이들에게 곤란한 질문이 될지도 모르겠습니다. 잦은 이혼과 재혼으로 인해 어머니나 아버지가 여럿일 수 있기 때문입니다. 제 남편이 가르치던 초등학교 학생들 대다수는 불안정한 가정이나 결손 가정 출신이었습니다. 미국에서 생활하는 그런 이들에게, "당신은 누구와 친척입니까? 당신이 전적으로 믿을 수 있는 사람은 누구입니까?"라는 물음은 건방진 물음일 것입니다.

하나님은 자신이 믿을 만한 분이심을 끊임없이 알리십니다. 그분은 끊임없이 우리를 찾으시고, 우리를 참을성 있게 대하십니다. 그분은 우리가 죄를 짓기 전에 우리가 용서를 받고 그분과 화해할 길까지 미리 모색해 놓은 분이십니다. 하나님은 절대로 우리를 버리지 않으실 것입니다. 우리가 그분께 끊임없이 충성하면 실망할 일이 결코 없을 것이라고 확신해도 좋습니다.

우리는 신약성경에서 이런 가르침도 발견할 수 있습니다. 이를테면 우리가 하나님의 백성, 곧 신앙 공동체에 충성을 맹세할 수도 있다는 것입니다. 우리의 신뢰를 받기에 부적합할 때가 간혹 있지만, 일반적으로 신앙 공동체는 용서와 은총의 공동체로 남을 것입니다. 다행인 것은, 하나님이 영원히 의지할 만한 분, 정의로우신 분, 은총과 자비가 충만하신 분, 자기 백성이 실수하더라도 절대로 실수하지 않는 분이시라는 것입니다.

3. 나는 왜 여기에 있는가? 내 인생의 목적은 무엇인가?

이 책 전체에 걸쳐서 살펴본 대로, 우리네 인생의 가장 즐거운 임무는 하나님을 찬양하고 섬기는 것입니다. 우리가 삼위일체를 받들고, 주님이 하신 일들에 갈채를 보내면 보낼수록 우리는 하나님을 더욱 사랑하게 될 것이고, 더욱 경건히 살게 될 것입니다.

하나님의 놀라운 은총은 우리를 자유롭게 해주어, 우리로 하여금 진짜 우리 자신이 되게 합니다. 우리는 하나님의 형상대로 창조되었기 때문에 우리 자신이 되면 될수록 더욱 하나님의 모습대로 살게 될 것입니다. 이는 우리가 맑은 마음으로 가장 깊이 사랑하는 것이면 무엇이든 구해도 된다는 뜻입니다. 왜냐하면 그것을 통해 우리를 향하신 하나님의 뜻이 드러날 것이기 때문입니다.

4. 이 세상은 무엇이 문제인가? 이토록 많은 혼란이 있는 것은 무엇 때문인가?

우리는 창세기 3장의 이야기에서, 죄나 우리 삶에 찾아오는 고통과 고뇌를 설명하는 것은 간단한 일이 아니라는 것을 알았습니다. 죄는 우리 외부의 악한 세력, 우리 동료들의 영향, 하나님의 피조물들이 타락해서 내미는 유혹의 손길, 우리 스스로 손쉽게 조작하는 태도와 행동 들이 한데 뭉쳐진 것입니다. 무엇보다도 우리는 우리 모두가 자기중심적인 성향을 가지고 있으며, 우리가 하나님과 동등한 상태가 되고 싶어 하는 것은 바로 그런 성향 때문이며, 우리가 하나님의 완전한 계획을 망치는 것도 그 때문이라는 것을 알았습니다.

또한 우리는 이 모든 요인들이 우리가 저항할 수 없을 만큼 강력하다는 사실도 확인했습니다. 그런 까닭에 우리에게는 우리 너머에서 오는 도움이 필요합니다. 우리는 우리의 근본적인 죄성이나 우리의 개별적인 죄로부터 스스로를 구할 수 없기 때문입니다.

5. 이 세상을 고치려면 어찌해야 하는가? 죄와 악을 제거할 방법은 무엇인가?

우리가 이 물음들의 답과 관련하여 창세기의 처음 세 장에서 얻을 수 있는 단서는 한 가지뿐입니다. 하나님이 죄를 용서하시고 악에서 구하기 위해 세우신 계획의 전모를 알려면 성경 전체를 읽어야 할 것입니다. 우리가 창세기의 처음 세 장에서 배우게 되는 사실은, 하나님이 틀림없이 구제책을 제시하시리라는 것입니다. 하나님이 우리의 신실한 제자도를 우주를 구원하시기 위해 친히 품으신 목적의 일부로 사용하신다는 것은 나중에야 알게 될 사실입니다. 창세기 3장은 죄와 악에 대한 대책을 하나님의 노련한 손에 맡기는 것으로 만족합니다.

우리가 배우게 되는 또 다른 사실은, 우리가 오늘날과 같은 상태로 만들어 버린 이 세상을 하나님이 완전히 고치실 때까지는 우리가 고통을 얼마간 견디지 않으면 안 된다는 것입니다. 그럼에도 불구하고 우리는 하나님의 손재하심과 도우심을 신뢰할 수 있습니다. 하나님이 자신의 은혜롭고 자비로우신 성품을 드러내 보이셨기 때문입니다.

6. 나는 어디를 향해 가고 있는가? 나의 목적지는 어디인가?

이 실존적인 물음들의 답과 관련하여, 우리가 지금까지 음미해 온 이야기들에서 얻을 수 있는 실마리는 극히 적습니다. 우리는 그 본문들을 고찰하면서 에덴에 대한 동경을 느끼고, 태초의 인간이 하나님과 가졌던 친밀한 사귐을 갈망하게 됩니다. 우리가 하나님의 형상대로 지어졌다는 사실이 암시하는 바이기도 하지만, 우리는 낙원에 대한 동경 속에서 다음 사실을 눈치 챌 수 있습니다. 즉, 우리가 살면서 어디로 가든, 우리는 하나님과 재결합하기를 간절히 바란다는 것입니다. 많은 영성 지도자들이 말한 대로, 우리가 동경하는 것은 우리네 마음의 진정한 고향인 하나님 자신입니다.

하나님과 하나가 되려고 하는 일반적인 갈망은 신약성경에 이르러서야 특별하게 부각됩니다. 하지만 신약성경에 이르러서도 그것(하나님과 하나가 되는 것)이 어떤 모습일지에 대해 알려 주는 세부 묘사는 그리 많지 않습니다. 신약성경은 천국을 언급하고, 아버지(성부)의 집에 있을 곳이 많다고 말하며, 특히 우리가 성부, 성자, 성령과 사귐을 갖고 하나가 될 것이라고 분명하게 말합니다.

그러나 충만한 영생에 대해서는 우리가 알 수 있는 게 많지 않습니다. 이것은 좋은 일입니다. 우리가 충만한 영생에 대해 많은 것을 알게 되면, 그것의 자극을 받아 이 세상에 잠시 머물러 있는 것을 참지 못했을 것이기 때문입니다. 이 세상에 머물러 있는 동안 우리가 해야 할 일을 하나님이 많이 마련해 놓으신 것은 그 때문입니다.

7. 모든 것이 조화를 이루게 하려면 어떻게 해야 하는가? 나에게 광범한 역사를 제공해 주는 **으뜸 이야기**master story, 곧 '거대담론'meta-narrative이 있는가?

포스트모던 시대에 살고 있는 수많은 사람에게, "당신은 좀더 큰 이야기에 속해 있습니까?"라는 물음은 골치 아프고 복잡한 난제일지도 모르겠습니다. 미국에서 이혼, 결손 가정, 불안정한 직업 때문에 끊임없이 발생하는 유동성을 조사하여 펴 낸 기록물에 의하면, 상당수의 사람들이 조부모가 누구인지 모르거나 너무 많은 조부모를 알고 있다고 합니다. 뒤죽박죽 뒤섞인 역사를 지닌 사람들이 자신들의 내력을 알려 주는 역사보다 훨씬 오래된 역사 속에서 자신감을 키우려면 어찌해야 할까요?

창세기의 처음 세 장은 우리가 갈망하는 거대담론의 기원들을 제시합니다. 창조 이야기는 더없이 조화롭고 더없이 선하게 시작된 하나님의 더욱 큰 이야기를 위한 환경을 제공합니다. 우리는 죄의 비극을 살피는 가운데 이런 궁금증을 품게 됩니다. "인간을 추방하시어 생명나무에 다가가지 못하게 하셨는데, 하나님은 어떻게 최종적인 회복을 이루시려는 것일까?" 성경에서 이야기가 진척됨에 따라, 우리는 이 장의 서두에서 감지했던 것이 언제나 옳다는 것을 깨닫게 됩니다. 말하자면 하나님이 역사에 개입하시는 것이 아니라, 모든 역사가 하나님 안에서 발생한다는 것입니다.

우리의 자그마한 개인사를 삼위일체의 우주적인 역사 속으로 들여놓는 순간, 우리는 모든 것이 하나님 안에서 어떻게 조화를 이루는지 생생히 실감하고, 그분의 손 안에 있을 때 우리의 역사가 안전해지고 든든해짐을 믿게 될 것입니다. 우리는 우리 삶의 모든 부분이 어떻게 조화로운 전체에 병합되는지 알지 못하지만, 하나님의 으뜸 이야기가 모든 단편적인 이야기를 품고, 그분이 그 모든 것을 가지고 궁극적인 열매를 맺으실 것임을 믿게 될 것입니다.

8. 나는 어떻게 생존할 수 있는가? 악의 세력이 나를 공격할 때, 나를 지켜 줄 힘을 어디에서 찾을 수 있는가?

경쟁적 자본주의 시대를 살고 있는 수많은 사람들은 자신들의 삶을 다른 이들과 경쟁하는 삶으로 여기고 있습니다. 포스트모더니스트들은 이런 물음들을 던집니다. "어떻게 해야 내 몫을 챙길 수 있을까? 다른 이들에 맞서 출세하려면 어떻게 해야 할까?" 반면에 압제를 받으며 사는 이들은 이런 물음들을 던집니다. "압제자를 떼어 버리려면 어떻게 해야 할까? 자유롭게 살려면 어떻게 해야 할까?"

창세기 서두에 등장하는 이야기들을 다루면서 "남자가 여자를 다스리는 것과 같은 압제는 타락의 결과이지 하나님의 뜻이 아니다"라고 말한 것이 기억납니다. 하나님의 자애로운 방식으로 압제에 대응하는 법에 대해 극단적으로 단순화시킨 충고들을 이 자리에서 제시할 마음은 없습니다. 하지만 우리는 하나님이 끈질기게 우리 곁에 계시면서 자유를 위해 활동하신다고 확신합니다. 하나님의 계획은 조화를 지지합니다. 그런 까닭에 하나님은 우리를 통해 우리를 위하여 일하시면서 진정한 화해와 중재를 추구하십니다.

압제받지는 않지만 자기 몫을 챙기려고 안달하는 사람들에게 창조 이야기들은 풍성히 공급해 주시는 하나님을 제시합니다. 우리가 풍성히 베풀어 주시는 하나님을 찬미하며 산다면, 우리는 다른 이들을 앞지르기 위해 조바심치지 않아도 될 것입니다. 오히려 우리는 아낌없는 은총으로 해방되어 우리의 자원을 궁핍한 사람들과 함께 나누게 될 것입니다. 또한 우리는 하나님이 선한 목적을 위해 쓰실 수 있도록 우리의 권력욕을 그분께 내어드릴 수 있을 것입니다.

9. 나는 무엇을 중시하는가? 나는 어떤 가치를 따라 사는가?

우리는 무엇을 중시합니까? 다음 세대에 넘겨줄 만큼 중요한 것, 그것은 무엇인가요? 진실한 사람들, 아름다운 사람들, 선한 사람들과 관계를 맺고 또 그들을 존중하며 살기 위해 우리는 무엇을 갖추고 싶어 하나요?

우리는 첫 번째 창조 기사를 고찰하면서 하나님의 우주 창조와 관련된 두 가지 의미심장한 가치로 생태학적 돌봄과 정의를 꼽았습니다. 또한 우리는 하나님의 우주가 지닌 아름다움美, 그분의 조화가 지닌 선善, 그분이 거룩하게 하신 안식일의 참된 가치眞도 지키지 않으면 안 됩니다.

두 번째 창조 기사도 마찬가지로 하나님의 인간 제작이 지닌 아름다움, 그분의 일치와 동등성이 지닌 선, 그분의 도덕이 지닌 참됨을 강조합니다. 두 기사는 우리에게 하나님이 하신 경이롭고 조화로운 일을 잘 유지하라고 촉구합니다. 우리가 가장 중요시하는 가치들 상당수는 에덴에서부터 시작되었습니다.

10. 나는 왜 살아야 하는가? 무엇이 내 삶에 의미를 주는가?

권력이나 명성, 인기나 재산을 추구하는 사람들 상당수는, 포스트모던 세계에서 그토록 덧없는 위안거리를 손에 넣어도 그 기쁨이 허망하게 빨리 끝난다는 것을 깨닫게 마련입니다. 사람들은 살면서 힘써 볼 만한 가치가 무엇인지를 알고 싶어 합니다.

우리는 창세기 서두에 등장하는 이야기들을 고찰하면서 이 물음들의 답을 다음과 같이 확정했습니다. 말하자면 주 하나님이 우리에게 땅을 경작하는 일을 맡기시어, 우리로 하여금 생명을 양육하는 그분의 일에 참여할 수 있게 해주셨다는 것입니다. 땅을 일구고 생명을 기르는 일에 참여하는 순간, 우리는 하나님께 경의를 표할 수밖에 없을 것입니다.

우리가 하는 일이 무엇이든, 우리가 그 일—육아, 정원 가꾸기, 쓰레기 수거, 간호, 전화 응답, 배관, 그림 그리기 등—을 통해 누군가를 살지게 하거나 무언가를 기를 때, 우리 삶은 멋진 의미를 가지게 되기 마련입니다. 그런 일의 목록은 끝없이 이어질 수 있습니다. 하나님의 창조성이 무한하기 때문입니다. 우리 삶이 하나님께 중요한 것이 될 때 그 삶은 비로소 의미를 얻게 됩니다. 그 의미는 그분만큼 영원히 지속됩니다.

(다른 이들을 죽이거나 상처를 입히는 일을 제외하고) 우리가 살면서 하는

일이 무엇이든, 그 일은 하나님을 예배하는 행위, 뜻 깊은 행위가 될 수 있습니다. 우리가 우리 자신에게 영광을 돌릴 때 그 의미는 가뭇없이 사라지고 맙니다. 우리 자신에게 영광을 돌리는 삶은 무상하기 그지없는 삶이기 때문입니다. 그러나 우리가 우리의 일을 통해 하나님께 영광을 돌리면 그것은 주님을 찬미하는 행위가 될 것이고, 그 일을 통해 얻는 의미와 보람은 한없이 이어질 것입니다.

11. 이 세상이 이토록 혼란에 빠져 있는데, 어떻게 미래가 있겠는가? 희망을 찾으려면 어떻게 해야 하는가?

우리 시대에 무차별적으로 진행되고 있는 경제적 폭력과 정치적 폭력, 우리가 살면서 저마다 느끼는 압력들, 우리의 생존 경쟁에 대처하려면 어떻게 해야 할까요? 이것은 제가 지난 몇 달 동안 이 글을 쓰면서 가장 빈번히 던진 물음이지 싶습니다. 미국 경제가 후퇴하자 세계 경제도 덩달아 나빠지고 있습니다. 몇몇 국가는 정치적으로 큰 혼란을 겪고 있습니다. 끔찍한 폭동을 초래하는 식량 부족도 심각한 상태입니다. 젊은이들 사이에서는 자살률이 꾸준히 증가하고 있습니다. 우리는 어디에서 희망을 찾아야 하나요?

창세기 3:21에서는 한없는 은총과 배려를 읽게 됩니다.

주 하나님이 아담과 하와의 옷을 만드시고, 친히 그들에게 입혀 주셨기 때문입니다. 그다음 구절에서 주 하나님은 '우리'(Us, 대문자 표기는 NASB를 따름)라는 표현을 또다시 사용하십니다. 그 구절들과 그 앞의 모든 구절에서 우리가 알게 된 사실은 이것입니다. 이를테면 결국 삼위일체가 우리를 은혜로이 대해 주시리라는 것입니다. 창세기 서두에 등장하는 이야기들의 몇몇 대목에서 그분의 자애롭고 관대하고 신실한 성품이 드러난 것으로 보건대, 삼위일체 하나님은 계약을 지키시는 주님이심이 틀림없습니다.

물론, 삼위일체 주님의 이야기가 어떻게 하나님의 목적을 절정으로 이끄는지를 알려면 신약성경 전체를 보아야 할 것입니다. 창세기 2-3장에 등장하는 생명나무는 요한계시록 22:2에 다시 등장합니다. 그 나무는 "민족들을 치료하기 위해" 열두 종류의 열매를 맺습니다. 성경의 거대담론 전체에는 아브라함과 사라의 후손들, 곧 하나님이 선택하신 사람들의 연대기, 예수님의 성육신, 그분의 생애와 사역과 수난과 부활을 다룬 이야기, 교회의 설립을 다룬 이야기, 교회가 온 세상에 복음을 증언하는 이야기가 들어 있습니다. 우리는 창세기 1-3장에서 하나님의 성품을 접함으로써 그 모든 서술에 푹 잠기게 됩니다. 창세기 1-3장은 우리에게 요지부동의 희망을 제공합니다. 그 희망은 우리를 절대로 실망시키지 않을 것입니다. 그 희망은 새 하늘과 새 땅의 회복, 우주의 회복(재현)에서 완성되기 때문입니다.

12. 무엇이 나의 중심인가? 우리 하나님은 어떤 분이신가?

이것은 사람들이 흔히 던지는 실존적 물음들 가운데 하나는 아니지만, 그 모든 물음들 하나하나의 밑바탕이 되는 물음이라고 할 수 있습니다. 사람들이 어떤 답을 발견할 것인가는 그들이 하나님의 품에 안겨 있음을 아느냐 모르느냐에 달려 있습니다. 위대한 교부 성 아우구스티누스는 이렇게 말했습니다. "오오 주님, 당신께서 우리를 지으셨으니, 우리 마음은 당신 안에서 안식할 때까지는 평안하지 않습니다."

참된 예배는 하나님의 선 안에서 안식하는 것, 우리의 조바심과 염려를 멈추는 것, 하나님의 아름다움을 누리는 것, 그분의 진리를 껴안는 것입니다. 이 책에서 고찰한 대로, 하나님은 여섯 날 동안 지으신 모든 것을 조화롭게 뒤섞으시는 가운데 자신의 계획, 질서, 전능한 능력을 여실히 드러내셨습니다. 그러나 삼위일체가 지니신 성품의 가장 중요한 측면은 주님의 은총입니다. 그 은총이 지금도 우리를 감싸고 있습니다.

지금까지 살펴본 대로, 하나님의 피조물은 너나없이 자신의 본성을 따라 살면서 하나님께 영광과 찬미를 바칩니다. 우리 역시 그렇게 하면, 이 세상에서 하나님의 형상을 갖추고 삼위일체의 충만한 은총을 증언하게 될 것입니다.

우리는 본래 하나님의 모습대로 지어졌습니다. 그런 까닭에 우리가 믿음 안에서 성장하기만 한다면, 우리는 하나님의 진리를 전하고, 그분의 선을 본받고, 그분의 아름다움을 드러낼 수 있게 될 것입니다. 지금까지 우리는 창세기 1-3장을 묵상하면서 찬양과 경배의 능력을 키워 왔습니다. 이제는 더욱더 성경에 젖어들면서, 어떻게 해야 하나님의 모습을 생생히 드러낼 수 있을지를 생각해 보시기 바랍니다.

맺음말

죄의 고백과 신앙 고백

이 책을 쓰겠다는 생각은 2002년 12월 마지막 주간에 애틀랜타에서 열린 미국기독학생회 대학원생 및 교수 수련회InterVarsity graduate and faculty conference에서 논문을 발표하면서 시작되었습니다. 그 당시 제 논문 제목은 "창조와 문화: 예전으로서의 창세기 1-3장"Creation and Culture: Genesis 1-3 as Liturgy이었습니다. 제가 발표한 논문에 대한 논찬은 미로슬라브 볼프Miroslav Volf가 맡았습니다. 저는 그 회의석상에서 진술한 내용 가운데 상당 부분을 훨씬 발전시키고 다듬어서 이 책에 수록했습니다.

그 행사의 주제는 문화와의 관계에서 살펴본 '그리스도 따르기'였으므로, 저는 문화가 저지른 여러 죄를 고백하고 또한 신앙을 고백하면서 강연을 마쳤습니다. 그 고백을 다듬어 이 자리에 넣은 이유는, 여러분이 하나님 사건the phenomenon of God의 여러 차원과 조직적인 죄를 생각해 보고, 신앙 공동체 한가운데에서 개인적으로 품고 있는 신앙을 숙고하길 바라는 마음에서입니다. 그리고 그 결과로 여러분이 더욱 깊은 예배로 나아갔으면 좋겠습니다.

이 고백으로 기독교의 보편적인 신조들을 대신할 마음은 추호도 없습니다. 이 고백은, 이 책을 말과 행동으로 표현하기 위해 이 자리에 부록으로 단 것일 뿐입니다.

죄의 고백과 신앙 고백

우리는 믿습니다,

우리 하나님은 계속해서 창조하시는 놀라운 하나님이시라는 것을. 하지만 우리는 우리 문화가 파괴를 일삼고 있는데도 다른 신들을 섬기고 있습니다.

우리는 믿습니다,

하나님이 질서정연하고 조화로운 우주를 상상하시고 창조하셨다는 것을. 하지만 우리는 우리 문화가 생태계의 조화를 깨뜨리고 있는데도 다른 신들을 섬기고 있습니다.

우리는 믿습니다,

하나님이 남성과 여성을 초월하시며, 우리들 각자에게 특권을 주시어 삼위일체의 형상을 생생히 드러내게 하시고, 그 특권을 통해 문화적 고정관념을 탈피할 수 있게 해주신다는 것을. 하지만 우리는 잘못된 문화의 고정관념에 순응하면서 다른 신들을 섬기고 있습니다.

우리는 믿습니다,

하나님이 남자들과 여자들을 만드시어, 서로 도우면서 참된 사귐을 갖게 해주셨음을. 하지만 우리는 문화적 적대감이 우리로 하여금 서로 돕지 못하게 하고 있는데도 다른 신들을 섬기고 있습니다.

우리는 믿습니다,

하나님이 모든 피조물을 보살피시고, 모두가 먹을 수 있을 만큼 충분한 식량을 만드셨음을. 그러나 우리는 우리의 문화적 축적 때문에 다른 이들이 굶주리고 있는데도 다른 신들을 섬기고 있습니다.

우리는 믿습니다,

자비로우신 하나님이 우리에게 창조계 전체를 보호하도록 권유하시어 모두가 먹을 수 있게 하신다는 것을. 그러나 우리는 우리의 문화적 오락거리들이 궁핍한 이들을 보지 못하게 하고 그들의 요구에 응하지 못하게 하는데도 다른 신들을 섬기고 있습니다.

우리는 믿습니다,

하나님이 우리에게 안식을 선물로 주신다는 것을. 그러나 우리는 문화적 압박이 우리로 하여금 그 거룩한 쉼을 누리지 못하게 하는데도 다른 신들을 섬기고 있습니다.

우리는 믿습니다,

하나님이 우리의 성적 결합과 한 몸 됨을 위해 질서정연한 계획을 마련하시고, 언약의 계명들을 통해 그 계획을 지키게 하셨다는 것을. 그러나 우리는 우리 시대의 성 문화가 유행하고 있는데도 다른 신들을 섬기고 있습니다.

우리는 고백합니다,

앞서 열거한 수많은 우상숭배에 우리가 가담하고 있음을,

우리 스스로 신이 되려 하고 있음을. 우리는 우리 시대의 문화가 우리로 하여금 신처럼 굴게 하고 있는데도 참 하나님, 삼위일체 하나님을 섬기지 않고 있습니다.

우리는 하나님이 태초부터 우리의 반역을 극복할 방안들을 강구하셨다는 것을 믿으며, 이렇게 기도합니다. "거룩하신 아버지여, 우리를 반역으로부터 지켜 주시어, 당신의 복음을 업신여기지 않게 하소서."

우리는 태초에 창조계를 아름답게 조직하신 하나님이 창조계를 회복할 방안들을 강구하시고, 문화의 도구들과 사조들과 사람들과 우리 문화를 그러한 회복의 동인으로 삼으실 수 있음을 믿으며, 이렇게 기도합니다. "거룩하신 예수님, 우리를 당신처럼 되게 해주시어, 우리가 당신이 행하신 멋진 화해 사역의 대행자로 일하게 하소서."

우리는 우리가 만든 것들이 아무리 훌륭하고 선해도, 우리와 우리가 만든 것들이 타락으로 인해 훼손되었기 때문에 우리가 하나님을 예배하지 못하게 되기 쉽다는 것을 인정하며 이렇게 기도합니다. "성령님, 우리에게 영감을 주시어, 우리가 우리의 상상력을 활용하여 당신만을 섬길 수 있게 하소서."

우리는 우리의 다양한 죄를 고백하며 위와 같이 기도합니다,
창조주께서 신성한 목적들을 달성하시는 그날까지
죄와 악이 송두리째 무너져 정복될 때까지
우리네 다양한 문화의 온갖 선물들이 건짐을 받고 회복되어 삼위일체 하나님을 참되게 찬미할 때까지.
삼위일체 하나님, 우리가 당신을 찬미합니다, 이제와 영원히. 아멘!

옮긴이 김순현은 감리교신학대학교와 동대학원을 졸업했다. 현재 여수 돌산 갈릴리교회 목사로 섬기면서 아름다운 자연과 어촌 주민들을 벗 삼아 창조 영성을 익히고, 영성 고전을 번역하는 일에 힘쓰고 있다. 옮긴 책으로는 「디트리히 본회퍼」, 「안식」, 「순례자의 노래」, 「정원에서 하나님을 만나다」, 「베풂과 용서」, 「메시지 신약」(공역, 이상 복있는사람), 「마이스터 엑카르트는 이렇게 말했다」(분도출판사), 「영성—자비의 힘」(다산글방) 등이 있다.

내가 알아야 할 모든 것은 창세기에서 배웠다

초판 발행_ 2013년 1월 11일
초판 2쇄_ 2013년 4월 15일

지은이_ 마르바 던
옮긴이_ 김순현
펴낸이_ 신현기

발행처_ 한국기독학생회출판부
등록번호_ 제313-2001-198호(1978.6.1)
주소_ 121-838 서울 마포구 서교동 352-18
대표 전화_ (02)337-2257 팩스_ (02)337-2258
영업 전화_ (02)338-2282 팩스_ 080-915-1515
직영서점 산책_ (02)3141-5321
홈페이지_ http://www.ivp.co.kr 이메일_ ivp@ivp.co.kr
ISBN 978-89-328-1289-2

ⓒ 한국기독학생회출판부 2013

책값은 뒤표지에 있습니다.
무단 전재와 복제를 금합니다.